C.H.BECK ■ **WISSEN**

in der Beck'schen Reihe

Franz-Michael Konrad beschreibt anschaulich die Geschichte der Schule vom Alten Ägypten über antike Gymnasien und mittelalterliche Klosterschulen bis zur Gegenwart. Der Schwerpunkt liegt auf der Entwicklung in Deutschland im 20. Jahrhundert: Die allgemeine Schulpflicht, Vereinnahmungen der Schule durch den Staat und immer neue Reformen haben hier die Entwicklung geprägt. Abschließend fragt der Autor, was die PISA-Studie für die Zukunft der Schule bedeutet.

Franz-Michael Konrad, geb. 1954, ist Professor für historische und vergleichende Pädagogik an der Katholischen Universität Eichstätt-Ingolstadt. Von ihm erschienen u. a. «Der Kindergarten. Seine Geschichte von den Anfängen bis in die Gegenwart» (2004) sowie zuletzt «Kindheit. Eine pädagogische Einführung» (mit Klaudia Schultheis, 2007).

Franz-Michael Konrad

GESCHICHTE DER SCHULE

Von der Antike bis zur Gegenwart

Verlag C. H. Beck

Mit 5 Abbildungen

Originalausgabe
© Verlag C. H. Beck oHG, München 2007
Gesamtherstellung: Druckerei C. H. Beck, Nördlingen
Umschlagabbildung: Ernst Würtenberger:
Auf der Schulbank/Der Nachsitzer (Ausschnitt), 1909;
Karlsruhe, Staatliche Kunsthalle
Umschlagentwurf: Uwe Göbel, München
Printed in Germany
ISBN 978 3 406 55492 6

www.beck.de

Inhalt

I. Antike

Die evolutionsgeschichtlichen Grundlagen der Schule

Vor etwa 300 000 Jahren hatte die biologische Evolution die Voraussetzungen dafür geschaffen, dass sich ein Lebewesen, der *homo sapiens*, in den Stand versetzt sah, eine auf Lern- und Weitergabevorgängen beruhende neuartige Evolution zu initiieren, die kulturelle Evolution. Faustkeile als Werkzeuge zu benutzen steht am Beginn einer Entwicklung, die bis zu den modernen technischen Möglichkeiten unserer Gegenwart führt. Dass dies möglich war, hing von der Fähigkeit ab, die für den Werkzeuggebrauch nötigen Kenntnisse über den Tod ihres Erfinders hinaus lebendig zu erhalten. Das war eine schwierige Aufgabe, denn diese Fertigkeiten waren nicht genetisch, das heißt auf dem Weg der natürlichen Fortpflanzung, vererbbar. Hier nun kommt die auf sprachlichem, auch gebärdensprachlichem Austausch basierende Erziehung ins Spiel, welche die Weitergabe von genetisch nicht tradierbaren Informationen leistet. Insofern ist Erziehung notwendige Bedingung der kulturellen Evolution, und sie bleibt deren Grundlage bis heute. Was dazu geführt hat, soll hier unerörtert bleiben. Paläoanthropologen verweisen beispielsweise auf das Gehirnwachstum beim Übergang vom *homo erectus* zum *homo sapiens*.

Die verschiedenen Epochen der kulturellen Evolution sollen an dieser Stelle ebenfalls nicht nachgezeichnet werden. Auf ein einschneidendes Ereignis ist jedoch einzugehen: die Erfindung der Schrift. Mit dem Verfügen über Schrift konnte sich die Weitergabe des angesammelten Wissens von der unmittelbaren Interaktion zwischen den Menschen lösen. Es war nun ungleich mehr und auch ganz anderes den Nachgeborenen zu vermitteln als das, was dem Erfahrungshorizont der jeweils zu einem bestimmten Zeitpunkt und an einem bestimmten Ort zusammenlebenden Menschen verfügbar war. Es konnten nicht mehr nur

die persönlich erworbenen Erfahrungen, Kenntnisse und Fertigkeiten, vielleicht noch die der Sippe oder des Stammes, im unmittelbaren Kontakt von Mensch zu Mensch weitergegeben
werden. Jetzt gab es einen unendlich größeren Fundus an Informationen, der auch das Wissen längst Verstorbener oder solcher Menschen umfasste, die an ganz anderen Orten lebten und
gelebt hatten. Man musste nur verstehen, diese Informationen
zu speichern und zu nutzen. Mit anderen Worten: Man musste
schreiben und lesen können. Das aber war nicht mehr nebenher und von dafür Ungeschulten zu vermitteln. Wenn auch nur
in ihren ersten Anfängen, aber immerhin: Die Schule war geboren!

Zwar haben Urgeschichtsforscher darauf hingewiesen, dass
sich schon im Leben der Menschen in der jüngeren Altsteinzeit
(ab circa 35000 v. Chr.) Elemente finden, die auf die spätere
Schule vorausdeuten. Es handelt sich dabei im Rahmen von Ini-
tiationsriten um die Separierung der jeweils gleichaltrigen Ini-
tianten an einem eigenen Ort, um spezialisiertes Personal zur
Durchführung der rituellen Handlungen und um besondere Inhalte, die nur im Vollzug dieser Riten und mit Hilfe besonderer
Methoden und Medien (Höhlenmalereien!) gelehrt wurden.
Schule, annähernd in der uns heute vertrauten Form, ist jedoch
untrennbar mit dem Vorhandensein von Schrift verbunden. Erst
wenn eine Gesellschaft zur Literalität gefunden hat, wenn sich
die Notwendigkeit ergibt, dass eine zunächst kleine Elite und
schließlich immer mehr Menschen des Lesens und Schreibens
kundig sind, tritt Schule ins Licht der Geschichte. Das ist am
Ende des vierten Jahrtausends v. Chr. der Fall, als in Ägypten die
Hieroglyphenschrift erfunden wurde. Kurz darauf kam es im
Siedlungsgebiet der Sumerer, in Mesopotamien, zur Entwicklung der Keilschrift.

Es waren deshalb nicht zufällig die antiken Hochkulturen
an Nil, Euphrat und Tigris, in denen erstmals Maßnahmen
ergriffen wurden, um den bis dahin beiläufigen Prozess der
Erziehung und Unterweisung in speziellen Einrichtungen und
durch besondere Funktionsträger erledigen zu lassen. Deshalb
muss ein systematischer Abriss der Geschichte der Schule hier

beginnen. Wir wählen das relativ gut erforschte Beispiel der Schule im Alten Ägypten.

Ägypten

Was wir durch die Arbeit der Archäologen und zahlreiche erhaltene Papyri heute über die altägyptische Schule wissen, bezieht sich zumeist auf die Verhältnisse im Neuen Reich (1570–715 v. Chr.), auf jene Epoche, in der Ägypten unter Pharaonen wie Hatschepsut, Tutanchamun und den zahlreichen Trägern des Namens Ramses in voller Blüte stand, einer Zeit, in der die Tempelbauten von Luxor und Karnak errichtet wurden. Nicht zufällig findet sich hier auch die älteste Erwähnung der Schule, nämlich im Übergang vom Mittleren zum Neuen Reich, zwischen circa 2000 und 1500 v. Chr., und zwar auf einer Grabinschrift. Der dort Bestattete versichert allen Vorübergehenden, die eine Schule besucht haben, er werde sich – sprächen sie ein Totengebet an seinem Grab – im Jenseits für sie einsetzen.

Zwar ist es schon im Alten Reich üblich gewesen, dass erfahrene Hofbeamte junge Männer in ihren Haushalt aufnahmen, um sie im Rahmen eines Meister-Schüler-Verhältnisses im Einzelunterricht in den Gebrauch der Schrift und in die gängige Verwaltungspraxis einzuführen. Ebenso taten dies die Priester in den Tempeln mit dem Priesternachwuchs. Jetzt aber bedurfte die nach inneren Krisen zu reorganisierende und dabei anspruchsvoller gewordene Staatsverwaltung einer wachsenden Zahl von Beamten. Hinzu kam der prosperierende Handelsverkehr. Da war es effektiver, jeweils größere Gruppen von jungen Leuten gemeinsam unterrichten zu lassen.

Der Unterricht in den so entstandenen Schulen bezog sich in der Hauptsache auf das Lesen und Schreiben, was im Falle der Hieroglyphen eine komplizierte und langwierige Angelegenheit war. Ägyptologen gehen davon aus, dass zur Erlernung der mindestens 700 Schriftzeichen, über die ein künftiger Schreiber und Hofbeamter verfügen musste, wenigstens vier Jahre, oft jedoch mehr, benötigt wurden. Die Hieroglyphenschrift war auch in ihrer Kurzform, dem Hieratischen, eine schwer zu erlernende

Laut-Schrift, ohne jedes Satzzeichen, sowohl in horizontaler wie in vertikaler Anordnung fortlaufend und vokallos geschrieben. Weitere Unterrichtsinhalte waren eine alltagsnahe elementare Mathematik, die sich z. B. auf die Berechnung von Flächen und Raumkörpern (Pyramiden!) sowie auf einfache Rechenoperationen (bis hin zum Dreisatz) bezog. Dazu kam die Beschäftigung mit den Weisheitsbüchern und den darin gesammelten Geboten und Verhaltensregeln, deren Beachtung zu einem Leben im Einklang mit der göttlichen, von den Pharaonen repräsentierten Ordnung notwendig war.

Gelehrt und gelernt wurde, bedingt durch das warme Klima, vermutlich überwiegend im Freien. Ihre Schreib- und Rechenübungen unternahmen die Schüler auf den Scherben zerbrochener Tonkrüge nach Vorlagen, die sie den mit Pinsel auf Papyrus geschriebenen Lehrbüchern entnehmen konnten. Methodisch dürfte der Unterricht denkbar einfach und anspruchslos gewesen sein. Der Lehrer schrieb oder las vor, die Schüler schrieben oder sprachen nach. Auf Anordnung des Lehrers im Chor repetieren, Fragen beantworten und ansonsten schweigen, das war im Kern altägyptischer Unterricht, der von einem Lehrer erteilt wurde, der sich ausgiebig des Mittels der körperlichen Züchtigung bediente. Dem Auswendiglernen, den ständigen Memorierübungen, kam eine alles überragende Bedeutung zu. Schließlich war die Schulung des Gedächtnisses in einer nahezu gänzlich schriftlosen Welt das einzige Mittel, um auch später, nach dem Ende der Schulzeit, alle wichtigen Informationen schnell verfügbar zu haben.

Einer derartigen elementaren Bildung, mit deren Erwerb die jungen Ägypter, denen sie zuteil wurde, im Alter von circa fünf Jahren begannen, bedurften neben dem Beamten- und Priesternachwuchs auch die Künstler und Kunsthandwerker, die die religiösen Sentenzen, die sie an den Tempeln anbrachten, lesen können sollten, darüber hinaus die künftigen Baumeister, Ärzte und Rechtskundigen, denn ebenso wie auf effizienter Verwaltung beruhte die kulturelle und machtpolitische Ausnahmestellung Ägyptens auf einer eigenständigen Rechtsprechung. Die eigentliche Fachausbildung setzte die Schulbildung fort und fand weiterhin im Rahmen der individuellen Meister-Schüler-Lehre statt. Alle, die nicht für eine solche gehobene berufliche Ausbildung ausersehen waren – die Bauern, die kleinen Handwerker, die Soldaten, aber auch die Mädchen –, besuchten keine Schule und konnten demnach weder lesen noch schreiben.

Mit dem Untergang der Eigenstaatlichkeit Ägyptens ist auch die altägyptische Schule als deren nicht unwesentlicher kultureller Träger allmählich verschwunden. 332 v. Chr. besetzte Alexander der Große Ägypten, ab 301 v. Chr. herrschten die Ptolemäer, 30 v. Chr. wurde Ägypten zu einer römischen Provinz. Spätestens mit Beginn der Ptolemäerherrschaft ging Ägyptens Verwaltung in die Hände von Beamten über, die ein griechisches *gymnasion* durchlaufen hatten und sich für ihre Amtsgeschäfte der griechischen Sprache bedienten. Das Erbe der altägyptischen Schule hatten schon im 4. Jahrhundert v. Chr. die sich im gesamten Mittelmeerraum ausbreitenden griechischen Schulen und die griechisch-hellenistische Bildung angetreten, die nicht nur von den einwandernden Griechen gepflegt, sondern recht schnell auch von den Angehörigen der ägyptischen Oberschicht angenommen wurde. Die ägyptische Schule wurde zur reinen Priesterschule und zog sich in den Tempelbezirk zurück. Mit der Übernahme der römischen Kulte und später des Christentums verfiel das Ägyptische als Schriftsprache bzw. wurde es in griechischen Buchstaben geschrieben, überlebte aber als Alltags-, also als gesprochene Sprache sogar die Eroberung Ägyptens durch die Araber im 7. und 8. nachchristlichen Jahrhundert. Heute ist es allerdings nur noch (als Koptisch) in der Liturgie der christlichen Minderheit lebendig.

Mit dem griechischen Gedanken der *paideia*, den wir am besten mit «Bildung» übersetzen, kam alles das nach Ägypten, was die Erziehung dort bislang noch hatte vermissen lassen: die Vorstellung von der Personalität des Menschen und dass die Schule nicht allein zur Wahrung des Überkommenen und zur Sicherung der Kontinuität, sondern ebenso zur Kritik, zur Revision des Alten, zum Suchen und Forschen zu erziehen habe. Zudem ist die Schule erst bei den Griechen aus dem Schatten der bloßen Berufsvorbereitung herausgetreten, denn in Griechenland galt die planvolle Unterweisung möglichst *aller* frei geborenen Heranwachsenden männlichen Geschlechts als Teil der politischen Kultur und als Voraussetzung zum Erfolg der demokratischen Regierungsform.

Griechenland

Das griechische Unterrichtswesen, so wie es vom Zentrum Griechenlands ausgehend zuerst über die Gründung von Kolonialstädten entlang der Küsten des Mittelmeers und anschließend, im Zeitalter des Hellenismus, bis tief nach Kleinasien und ins Zweistromland hinein Verbreitung fand, hat in der klassischen Zeit, das heißt in den gut anderthalb Jahrhunderten zwischen der ersten demokratischen Verfassung Athens (durch Kleisthenes, 507 v. Chr.) und dem Aufgehen der griechischen Stadtstaaten im Reich Philipps und Alexanders von Makedonien (338 Schlacht von Chaironaia), seine Grundlegung erhalten. Vorausgegangen ist eine mit der Einwanderung der dorischen Stämme um 1200 v. Chr. beginnende frühe, archaische Epoche, für die das Beispiel Spartas als repräsentativ gelten kann.

Über die jungen Spartiaten schrieb der römische Schriftsteller Plutarch: «Lesen und Schreiben lernten sie nur soviel, wie sie brauchten. Die ganze übrige Erziehung war darauf gerichtet, dass sie lernten, zu gehorchen, Anstrengungen zu ertragen und im Kampf zu siegen.» Auf die spätere Schule weist eigentlich nur das Jahrgangsprinzip voraus, nach dem die männlichen Kinder des spartanischen Kriegervolkes, für dessen materielle Bedürfnisse die un- oder höchstens halbfreien Angehörigen der unterworfenen Bevölkerung zu sorgen hatten, zusammengefasst worden sind, wenn sie mit sieben Jahren ihre Familien verließen. In diesem Alter übersiedelten sie in vom Staat unterhaltene kasernenähnliche Einrichtungen, um dort in einer Art der totalitären Gemeinschaftserziehung auf ihr künftiges Dasein als Soldaten vorbereitet zu werden. In Athen hingegen verliefen die Dinge anders. Im klassischen Zeitalter, im Zeitalter der attischen Demokratie, dem Zeitalter der großen Dichter Aischylos, Sophokles, Euripides, der Geschichtsschreiber Herodot, Thukydides, Xenophon, der Philosophen Sokrates, Platon, Aristoteles, verbürgerlichte die Gesellschaft, und es waren andere Fähigkeiten gefragt, ging es nicht mehr ums Kriegführen allein und um die Bewahrung des Überkommenen.

Wenn wir einer Komödie des Aristophanes Glauben schenken dürfen, dann haben die Kämpfer von Marathon (490 v. Chr.; Sieg der Athener und ihrer Verbündeten über die Perser) als Heranwachsende eine Schule besucht. Spätestens zu diesem Zeitpunkt – wahrscheinlich aber schon früher – war es also üblich, dass die Knaben in den griechischen Stadtstaaten, den Poleis, nach ihrem siebten Geburtstag einen Lehrer aufgesucht und damit eine mitunter langjährige und anspruchsvolle Bildungslaufbahn angetreten haben. Obgleich kein staatlicher Zwang zum Schulbesuch herrschte, waren die Eltern, die über das Bürgerrecht verfügten, gehalten, ihren Nachwuchs – sofern sie über die finanziellen Mittel dazu verfügten, in Begleitung des so genannten *paidagogos* (Knabenführer; meist ein Sklave) – zu einem der Lehrer zu schicken, die auf privater Basis gegen Entgelt ihre Dienste anboten. Erst um 400 v. Chr. wurde in Athen ein Gesetz erlassen, das die Regularien des Unterrichtswesens, wie Lehrinhalte, die Bestellung der Lehrer usw., festlegte. Unterrichtsgegenstände beim so genannten Grammatisten waren das Lesen und Schreiben, bald auch – in Erweiterung dieses ursprünglichen Aufgabenkreises – das Rechnen. Wie schon in Altägypten war auch in Griechenland das Lesen eine schwer zu erlernende Kunst, musste der Lesende sich doch ständig mühen, die ununterbrochen dahin fließenden Buchstabenreihen in Silben, Wörter und Sätze zu gliedern. Lehrbücher (in Form von Schriftrollen), die als Schreibvorlagen dienten und aus denen der Lehrer vorlas, waren zwar bekannt und in Gebrauch, aber, weil handgeschrieben, selten und teuer. Zur Lehre beim Grammatisten kam eine musikalische Grundausbildung (Gesang und Lyraspiel) beim Kitharisten sowie die körperliche Ertüchtigung (einschließlich Tanz) bei wiederum einem anderen Lehrer. Schule, das bedeutete also, dass man nebeneinanderher die verschiedensten Lehrer aufsuchte. Nur gelegentlich beschäftigte ein Lehrer für die verschiedenen Lehrgegenstände Hilfslehrer, so dass die Kinder den Ort des Unterrichts nicht wechseln mussten. Der Unterricht erschöpfte sich weitgehend in Auswendiglernen und äußerem Drill. In der klassischen Zeit verfügten fast alle männlichen Angehörigen der mit dem Bürgerrecht ausgestatteten Bevölkerungsteile in den griechischen Stadtstaaten über eine derartige, wenigstens elementare Schulbildung und beherrschten mithin die Kunst des Lesens, Schreibens und Rechnens einigermaßen. Es war die demokratische Regierungsform, die die Teilnahme an der Volksversammlung außer vom Bürgerrecht auch von der Lese- und Schreibkompetenz abhängig machte. So erforderte, ganz praktisch, die Durchführung des Scherbengerichts das Schreibenkönnen. Auf diese Weise hat diese Staatsform die Ausbreitung der elementaren Kulturtechniken wesentlich unterstützt.

Vom 14. bis zum 18. Lebensjahr setzten die jungen Griechen der besseren Familien ihren Bildungsgang in einer anderen Institution fort. Es war dies das *gymnasion*, eine aus öffentlichen Mitteln unterhaltene und unter Leitung eines staatlichen Beamten, des *gymnasiarchos*, stehende Anstalt mit Übungsplätzen, Bädern, Wandelhallen, Bibliotheken, gelegentlich auch einem Theater. Obwohl das *gymnasion* ursprünglich nur der körperlichen und vormilitärischen Ausbildung diente, nahm es allmählich zivile Züge an. Dies geschah vor allem als nach dem Verlust der Unabhängigkeit der griechischen Stadtstaaten im Zeitalter des Hellenismus die militärische Ausbildung an Bedeutung verlor. Jetzt wurde das *gymnasion* zu einem Ort, an dem sich die höhere Bildung mehr denn je als intellektuelle Schulung konzentrierte. Im Mittelpunkt stand nunmehr die Literatur, vor allem die Epen des Homer, an dessen Versen schon das Lesen erlernt worden war. Jetzt wurden gezielt auch grammatische Übungen gemacht und Aufsätze geschrieben, gewissermaßen als Vorübung zur späteren rhetorischen Schulung. Daneben spielten mathematische Kenntnisse eine gewisse Rolle. Im *gymnasion* trafen die Wortführer der verschiedenen Denkschulen aufeinander und die jungen Leute lernten, indem sie ihnen zuhörten. Große Bedeutung behielt jedoch nach wie vor die körperliche, die so genannte gymnastische Ausbildung: Laufen, Weitsprung, Diskus- und Speerwurf, Boxen, Ringen. Gymnastik, *gymnasion*

– darin steckt das griechische *gymnos* = nackt: die Jugendlichen widmeten sich den sportlichen Übungen nämlich unbekleidet.

Spätestens ab 334 v. Chr. folgte für die über 18-jährigen jungen Männer noch ein weiterer zweijähriger Abschnitt höherer Bildung, die so genannte Ephebie (*ephebos* = junger Mann). Die Ephebenausbildung musste von allen, also auch von denjenigen, die keine höhere Bildung genossen hatten, absolviert werden. Erst danach wurde das Bürgerrecht verliehen. Dabei handelte es sich zunächst wiederum um eine Art vormilitärischer Ausbildung. Ab dem Ende des 2. vorchristlichen Jahrhunderts, als sie sich von Athen ausgehend über die Kolonien in den hellenistischen Reichen verbreitete, gewannen jedoch innerhalb der Ephebie immer mehr die klassischen Lehrfächer der höheren Bildung an Einfluss, bis die militärischen Komponenten schließlich zur Nebensache geworden waren. Verschiedentlich verschmolz die Ephebie jetzt mit der gymnasialen Bildung, indem sie diese über das 18. Lebensjahr hinaus verlängerte. Dann freilich war sie nicht mehr obligatorisch, sondern eine Form aristokratischer Bildung, für die auch bezahlt werden musste.

Den Höhepunkt der im *gymnasion* grundgelegten höheren Bildung des jungen Griechen bildete die Perfektionierung seiner rhetorischen Fähigkeiten. Wenn jeder freie Mann per Los in ein öffentliches Amt gelangen konnte, war das Redenkönnen eine offensichtliche Notwendigkeit. Neben Herkunft und Vermögen entschied mit dem Übergang von der altgriechischen Adelsgesellschaft zur attischen Demokratie das geschickte Auftreten in der Öffentlichkeit über gesellschaftlichen Rang und politischen Einfluss. Die Beherrschung des Wortes und folglich die Einübung in das richtige Reden nahmen in ihrer Bedeutung also immer mehr zu. Auch wer sich in privaten Angelegenheiten, wie zum Beispiel in rechtlichen Streitigkeiten, durchsetzen wollte, musste es verstehen, seine Ansprüche rhetorisch überzeugend zu vertreten. Kurz: Zu einer von Meinungsvielfalt gekennzeichneten, vom Pluralismus der Interessen beherrschten Gesellschaft gehörte – und gehört nach wie vor – ganz grundlegend die Rede. Die in jeder Stadt vorhandenen Versammlungshallen, die überdachten Säulengänge und je länger je mehr auch das *gymnasion* trug dieser Kultur der Rede und des Dialogs Rechnung. Neben den elementaren Unterricht im Lesen, Schreiben und Rechnen, neben die körperliche und musische Ausbildung sowie den literarisch zentrierten höheren Unterricht, trat deshalb im Griechenland der klassischen Epoche noch so etwas wie eine höchste Form der Bildung, etwas, das an die Schulung auf den eben genannten Gebieten und Stufen anschloss und über sie hinausging: eine vollendete wissenschaftliche, auf der Kunst des Redens sich gründende Ausbildung.

Hier sind insbesondere die Sophisten zu nennen, Gruppen von umherziehenden Intellektuellen, die in der zweiten Hälfte des 5. Jahrhunderts auftraten und die durch ihre ganz den Menschen in den Mittelpunkt stellende Philosophie («Der Mensch ist das Maß aller Dinge») das geistige Leben in Griechenland nachhaltig beeinflussten. Protagoras von Abdera und Gorgias von Leontinoi sind heute noch bekannte Namen. Die Sophisten scharten die jungen Leute um sich und boten jedem, der es sich leisten konnte, an, ihm universale Bildung zu vermitteln und ihn die Kunst der Beredsamkeit zu lehren. Was zu vermitteln ist, kann und soll *gelehrt* werden, war die Überzeugung der Sophisten.

Der belehrenden Methode der Sophisten stand eine andere konträr gegenüber. Diese Alternative wurde von dem Philosophen Sokrates (470–399) und seinen Schülern vertreten, darunter an prominentester Stelle Platon (427–347). Sokrates begründete ein dialogisches Verfahren, das auf der Prämisse beruhte, dass dem Lernenden nichts gelehrt werden solle, was dieser nicht aus sich selbst heraus erkennen könne. Unterricht ist hier eine mehr diskursive Angelegenheit, die der gemeinsam von Schüler und Lehrer unternommenen Wahrheitssuche dient. Der Schüler lernt nicht, indem er die gesuchten Zusammenhänge vorgestellt und erklärt bekommt. Der Schüler lernt vielmehr, indem er durch geschicktes Fragen des Lehrers die Antworten gewissermaßen in sich selbst bzw. in der Sache *entdeckt*. Exemplarisch vorgeführt wird dieses Prinzip in den berühmten, von Platon überlieferten sokratischen Dialogen. Schon in diesen Anfängen können wir also zwei konkurrierende didaktisch-methodische Ansätze erkennen – mit Relevanz bis heute. Wenn man so will, dann beginnt die Geschichte des modernen Unterrichts an dieser Stelle. Platon war es auch, der 387 v. Chr. mit der Gründung der ersten philosophischen Akademie in Athen dieser höchsten Form griechischer Bildung einen Ort gab, von dem aus sie ihre Wirkungen entfalten konnte.

Aus den anfangs noch eher ungeordneten Gegenständen dieser im Blick auf das Alter der Heranwachsenden mehrfach gestuften höheren und höchsten Bildung hat sich schon im Griechenland des 5. vorchristlichen Jahrhunderts ein erster allgemeiner Kanon von Bildungsinhalten herausgeschält, *enkyklios paideia* (allseitige Allgemeinbildung) genannt. Beredsamkeit, vor allem wenn sie auf Wirkung im politischen Raum zielte, erforderte ein hohes Maß an Wissen, eine umfassende Informiertheit auf allen Gebieten, die in der öffentlichen Auseinandersetzung zum Thema werden konnten. Nicht zufällig hat Platon, der als erster dieses Schema einer allgemeinen Bildung in die Form eines systematisch konstruierten Lehrplans gegossen hat, dies im Rahmen einer Schrift getan, worin er das Bild eines idealen Staatswesens entwirft, nämlich in seiner Schrift *politeia*. Neben selbstverständlich dem Schreiben und Lesen (Grammatik), das Gegenstand schon der Elementarbildung war, und neben den gymnastischen Übungen umfasste dieser Bildungsgang die Einübung in die Redekunst, das heißt die Rhetorik als Wissen, wie eine Rede aufzubauen und überzeugend vorzutragen ist, sowie Kenntnisse in Dialektik (einschließlich der Logik), der Kunst des Diskutierens, und in Musiktheorie, Arithmetik, Geometrie und Astronomie (einschließlich Astrologie). Diese allgemeine Bildung diente den dann folgenden Fachstudien des angehenden Philosophen, Technikers, Heerführers, Mediziners usw. als Grundlage. In hellenistischer Zeit hat sich dieser Lehrplan der *enkyklios paideia* nicht nur erhalten, sondern weiter an Kontur gewonnen. Auf diese Weise sind die Griechen zu Lehrmeistern Roms und zuletzt, wie sich noch zeigen wird, sogar des christlichen Europa geworden.

Freilich war, und das ist die andere Seite des hoch entwickelten griechischen Schul- und Bildungswesens, die Verwirklichung

der *enkyklios paideia* und die Realisierung des allseitig gebildeten Menschen, die *kalokagatie*, lange Zeit nicht nur auf die
männliche Hälfte der Bevölkerung beschränkt, sie war auch nur
möglich, weil die Arbeit von anderen, von den Sklaven und den
Angehörigen der Unterschichten, welch letztere nur über eine
elementare Bildung verfügten, erledigt wurde. Denn es war nicht
Sache des freien Bürgers von einigem Wohlstand, sich durch seiner Hände Arbeit zu ernähren, das tat nur der Handwerker, der
banausos, dem deshalb die genannten Künste nicht zugänglich
waren. Die Vollendung des beim Elementarlehrer begonnenen
Bildungsganges setzte das Freisein von Arbeit voraus. Man bedurfte der Muße (*scholé*) zur geistigen Entfaltung. Und so ist
jede über das Elementare hinaus gehende Bildung bei den Griechen letztlich eine Angelegenheit Weniger gewesen und «Ba-
nause» bis heute eine Bezeichnung für denjenigen, der geistigen
und künstlerischen Dingen fern steht, während unsere «Schule»
in dem griechischen Wort für Muße wurzelt. Übrigens galt auch
der Elementarlehrer als ein solcher wenig angesehener *banausos*,
denn schließlich lebte er ja von seiner meist gering entlohnten
Tätigkeit. Selbst die Sophisten als Vertreter der höchsten denkbaren und philosophischen Form von allgemeiner Bildung im
antiken Griechenland sahen sich ob der Tatsache, dass sie sich
bezahlen ließen, vielfach Anfeindungen ausgesetzt.

Zwar ist im 3. und 2. vorchristlichen Jahrhundert an die Stelle
der demokratischen Regierungsform der klassischen Zeit der
Absolutismus der hellenistischen Könige getreten. Das Räso-
nieren und Diskutieren blieb für die Griechen jedoch weiterhin
essentiell und damit zentral für die höhere Bildung. In den von
Alexander und seinen Nachfolgern gegründeten Städten im östlichen Mittelmeerraum war das *gymnasion* Mittelpunkt des sozialen und kulturellen Lebens der eingewanderten Griechen sowie der Angehörigen der Oberschichten der unterworfenen
Völker, die über griechische Bildung auch griechische Lebensart
annahmen. Zum Kreis der Gebildeten zu gehören hieß: das
gymnasion besucht zu haben und sich der griechischen Sprache
zu bedienen. Als eine wichtige Neuerung der hellenistischen
Epoche darf die Tatsache gelten, dass jetzt durchweg auch die

Mädchen Zugang nicht nur zur Elementarschule, das war zuvor schon gelegentliche Praxis gewesen, sondern nunmehr auch zum *gymnasion* erhielten.

Rom

Bei den Römern können wir schon in der archaischen Epoche vom Vorhandensein von Schulen ausgehen, auch wenn – bei den wohlhabenden Familien – der heranwachsende Knabe, was er zu wissen und zu können bedurfte, idealerweise vom Vater beigebracht bekam: den Gebrauch des Schwertes, Schwimmen, Reiten, die Landwirtschaft, eben alles, was das Leben eines kriegerischen Bauernvolkes erforderte. Dazu etwas römische Geschichte sowie Lesen, Schreiben und Rechnen. Die letzteren Kenntnisse konnte man sich auch beim Elementarlehrer (*literator* oder auch *ludi magister*) erwerben, zu dem die Jungen vor allem der unteren Bevölkerungsschichten, die kaum häuslichen Unterricht erhielten, nach ihrem siebten Geburtstag gingen. Musik und Tanz, bei den Griechen schon im Kindesalter wichtig, blieb den Römern immer fremd. Beides hielt man für verweichlichend. Auf diese Elementarbildung folgte für die Söhne der besser situierten Familien so etwas wie ein höherer Unterricht, der von Hauslehrern eher unsystematisch in so verschiedenartigen Disziplinen wie Rhetorik, Medizin und Architektur erteilt wurde. Die anschließende berufliche Ausbildung zum künftigen Militär, Juristen, Politiker fand ausschließlich in der Praxis, durch Zuhören bei Gericht und auf dem Forum, bei einem Heerführer usw. statt.

Seinen Ausbau erlebte dieses noch rudimentäre Bildungswesen durch die Begegnung mit der griechischen Kultur, nachdem Rom sich (Mitte des 3. Jahrhunderts) die in Süditalien gelegenen griechischen Kolonialstädte unterworfen hatte. Vollends geschah dies, als der östliche Mittelmeerraum mit den hellenistischen Reichen (ab der Mitte des 2. Jahrhunderts) zu einem Teil des Imperium Romanum zu werden begann. Jetzt geriet Rom förmlich in den Sog griechischer Kultur, und das Bildungswesen erfuhr von daher wesentliche Impulse. In den Provinzen ansässige Römer besuchten das griechische *gymnasion*, die wohlha-

Schule im römischen Kaiserreich: Dieses Steinrelief (um 200 n.Chr.), das an der Mosel bei Neumagen gefunden wurde, ist Teil eines Grabdenkmals, das vermutlich Eltern im Gedenken an ihr verstorbenes Kind errichten ließen. Trier, Rheinisches Landesmuseum

benden Familien in den römischen Kernlanden Latiums engagierten als Hauslehrer Griechen, anfangs nicht selten Sklaven, die den ihnen vertrauten Lehrplan der *enkyklios paideia* mitbrachten. Diese Fächer wurden auch in den Grammatikschulen gelehrt – private Einrichtungen unter der Leitung eines Grammatiklehrers (*grammaticus*) –, die ab dem elften oder zwölften Lebensjahr, und zwar von Jungen *und* Mädchen, besucht werden konnten. Wie in Griechenland begleitete ein *paedagogus* die Kinder und Jugendlichen aus reichem Hause dorthin und war auch sonst für ihre Erziehung verantwortlich. Die vorhergehende Elementarschule stand nun ebenfalls den Kindern beiderlei Geschlechts offen, wenn auch für die Mädchen zumindest der besser gestellten Familien der Privatunterricht üblich geblieben sein dürfte. Der höhere Unterricht fand zunächst ausschließlich in griechischer Sprache, also in einer für die jungen Römer fremden Sprache statt, die sie allerdings schon im Rahmen des Elementarunterrichts erlernen konnten. Nur allmählich fanden im Rhetorik- und Literaturunterricht auch römische Autoren Verwendung. Erst unter Augustus gewann der lateinische Unterricht nennenswert an Gewicht.

Hilfreich für diese Entwicklung war, dass sich ab dem 1. vorchristlichen Jahrhundert in verstärktem Maße römische Autoren des aus Griechenland übernommenen Bildungsstoffes annahmen und ihn nach ihren Vorstellungen umbildeten. Aus der griechischen *enkyklios paideia* wurden so die römischen *septem artes liberales*, die sieben freien Künste. Der zweifellos bedeutendste Theoretiker der *artes* war der aus Spanien gebürtige Rhetoriklehrer Marcus Fabius Quintilianus (35–95 n. Chr.). Aus spätrömischer Zeit sind die Bücher des Aelius Donatus, ein zweibändiges Grammatiklehrbuch, und des Martianus Capella zu nennen. Letzterer hat in der ersten Hälfte des 5. nachchristlichen Jahrhunderts eine eingehende Darstellung der *artes* geschrieben, deren sieben er jeweils einen eigenen Band widmete. Die *artes liberales* – «liberales» einerseits, weil ihr Studium, wie schon in Griechenland, ein Vorrecht der frei Geborenen gewesen ist, andererseits, weil ihre Kenntnis den Menschen im geistigen Sinne frei machen sollte – gewannen an inhaltlicher Struktur und gliederten sich in einen sprachlichen Grundkurs, der Trivium («trivial», «zum Dreiweg gehörend», auch im Sinne von «grundlegend») genannt wurde, bestehend aus der Grammatik (Laut- und Silbenlehre, Lehre der Wortarten, Formenlehre, Rechtschreibung), der Rhetorik und der Dialektik. Darauf erhob sich das mathematisch-naturwissenschaftliche Quadrivium (Vierweg) mit der Geometrie, der Arithmetik, der (Theorie der) Musik und der Astronomie. Häufig wurde jedoch nur das Trivium gelehrt, das man allgemein für wichtiger hielt. Den Abschluss dieser höheren Studien bildete mit fünfzehn oder sechzehn Jahren die Schule des Rhetors, denn auch in Rom – und zwar nicht nur unter der republikanischen Staatsform – war das Redenkönnen eine wichtige Fertigkeit. Aus der Zeit Kaiser Vespasians (regierte 69 bis 79 n. Chr.) ist sogar die Gründung von hohen Schulen überliefert, die der Ausbildung von Rhetoriklehrern dienten, frühen Vorformen der späteren Universitäten, wenn man so will. Wenn wir uns im Blick auf diese hohen Schulen an die philosophischen Akademien in Athen erinnern, von denen sie beeinflusst waren, dann haben wir im Ganzen also einen Aufbau des Schul- und Bildungswesens vor uns, wie wir ihn in analoger Weise schon aus Griechenland kennen.

Anders als in Griechenland jedoch genoss der Lehrer im römischen Reich durchaus ein gewisses Ansehen. Unter Caesar erhielten diese Lehrer ohne Umstände das Bürgerrecht, um sie enger an den Staat zu binden. Der erwähnte Vespasian ordnete ihre Besoldung aus Staatsmitteln an, so dass wir praktisch von der Errichtung eines Staats(elementar)schulwesens sprechen können, eine Entwicklung, die unter den Nachfolgern Vespasians weiter voran getrieben und in der Regierungszeit des Theodosius, 379–395, das Christentum war gerade zur Staatsreligion geworden, durch das Verbot jeden Privatunterrichts (395) vollendet wurde. Im 6. Jahrhundert, nach den Reichsteilungen und dem förmlichen Ende des römischen Reiches, ist auch das römische Schul- und Bildungswesen mehr und mehr verfallen. Es war Kaiser Justinian (527–565), der alle Nichtchristen aus dem Lehramt (wie überhaupt aus allen öffentlichen Ämtern) ausgeschlossen hat. Was aber fingen die Christen mit dem Lehr- und Unterrichtsmonopol an, das ihnen auf diese Weise – wenn auch in einem niedergehenden Schulwesen – zugefallen war?

2. Europäisches Mittelalter

Von der Spätantike ins frühe Mittelalter

Während es im 1. und 2. Jahrhundert nur zu sporadischen Schauprozessen gegen bekennende Christen und zu vereinzelt aufflackernden größeren Verfolgungen (so zum Beispiel unter Kaiser Nero) gekommen ist, war das 3. Jahrhundert von langandauernden, schweren Christenverfolgungen geprägt. Von den Rändern des Reiches her drangen fremde Völker auf römisches Territorium vor: die beginnende Völkerwanderung. In dieser Situation versuchte man der Staatskrise mit einer Beschwörung des alten heidnischen Glaubens zu begegnen. Das musste die inzwischen auf knapp zehn Prozent der Reichsbevölkerung angewachsene Gemeinschaft der Christen hart treffen. Aber schon am Anfang des 4. Jahrhunderts hörten die offenen Verfolgungen auf, und es begann sich das Schicksal der Christen entscheidend zu wenden. Unter den Kaisern Galerius und Konstantin wurde der christliche Glaube toleriert. Konstantin erwies sich sogar als ausgesprochener Förderer des Christentums, indem er den Bau von Kirchen zugelassen und unterstützt hat («konstantinische Wende»). Schon 361 hatten sich die Verhältnisse völlig umgekehrt: Jetzt mussten die heidnischen Kulte durch ein Toleranzedikt geschützt werden. Ein knappes Jahrhundert nach dem Ende der Verfolgungen wurde das Christentum 391 zur Staatsreligion erklärt. Das allmähliche Erlöschen der heidnischen Antike begann. 394 fanden zum letzten Mal die olympischen Spiele statt. Kurze Zeit später wurden alle heidnischen Kulte verboten.

Hand in Hand mit dem Siegeszug des Christentums vollzog sich der Niedergang des römischen Schulwesens. Solange die Christen noch eine ihrer hohen moralischen Ansprüche wegen beargwöhnte, sich bewusst von ihrer Umwelt distanzierende und häufig unterdrückte Minderheit gewesen waren, hatten sie sich mit dem Argument der Schule entzogen, sie wollten ihren Kindern mit Hilfe der christlichen Bibel, nicht jedoch an Hand der abgelehnten heidnischen Autoren, das Lesen und Schreiben lehren. Zwar hat der Kirchenlehrer Hieronymus (347–420) erst kurz vor der Wende zum 5. Jahrhundert die ganze Bibel aus dem hebräischen (Altes Testament) und griechischen Urtext (Neues Testament) ins Lateinische übersetzt. Gleichwohl waren auch zuvor schon zahlreiche, wenn auch unvollständige und voneinander abweichende lateinische Bibelversionen im Umlauf gewesen, so dass es für die urchristlichen Gemeinden ein Leichtes und bis zum Verbot des Privatunterrichts auch erlaubt war, die Kindererziehung selbstorganisiert und nach eigenen Vorstellungen zu besorgen. Für eine weiter wachsende Distanz zur Welt der Spätantike sorgte der Umstand, dass das Bibellatein in vieler Hinsicht den Charakter einer Sondersprache mit ganz eigenen Wortschöpfungen und Bedeutungsumprägungen besaß und die Christen auch auf diese Weise im Begriff waren, sich aus dem antiken Bildungshintergrund herauszulösen. Gleichwohl dürften – besonders in Italien, wo das Netz der Schulen schon immer dichter als in den Provinzen gewesen ist – nicht wenige Christenkinder weiterhin die nichtchristlichen Elementar- und höheren

Schulen besucht haben. In bemerkenswerter Zahl treffen wir
Christen sogar als Lehrer in diesen Schulen an. Zwar zerstörten
die vordringenden Germanenstämme in den Provinzen, keineswegs aber in Italien das bestehende Schulwesen. Unter den Lan-
gobardenkönigen sollen diese Schulen dort vielmehr noch einmal zu großer Blüte gekommen sein.

Nun stellte sich jedoch bald heraus, dass das Christentum,
so wie es sich zu entwickeln begann, nachdem es zur Staatsreligion geworden war, funktionierender Schulen im Grunde gar
nicht bedurfte. War es in der vorkonstantinischen Zeit der von
den Verfolgungen ausgehende Druck gewesen, der die Einrichtung christlicher Schulen verhindert hat, so zeigte sich jetzt, dass
die christliche Glaubenspraxis von den Gläubigen keine Literalität verlangte. Die Messfeier wurde in Abkehr von der urchristlichen Glaubenspraxis zu einem Reservat der Kleriker. Als
äußeres Zeichen dieser Entwicklung rückte der Altar in den Hintergrund des Chores. Das Heilige wurde – wie früher vor den
Heiden, deren Zahl inzwischen stark geschrumpft war – nunmehr vor dem Christenvolk verhüllt. So ist es nicht etwa zur
Übernahme des römischen Staatsschulwesens durch die Christen, sondern zu einem wenn auch nicht völligen, so doch weitgehenden Verschwinden desselben gekommen. Die Kenntnis
des Lesens und Schreibens, in der römischen Antike unter der
Bevölkerung weit verbreitet, verlor sich im Übergang zum frühen Mittelalter – und zwar praktisch vollständig nördlich der
Alpen, weitgehend aber auch in Italien. Einrichtungen, die bis
heute gelegentlich als ‹Schulen› bezeichnet werden, nämlich die
im Mittelmeerraum ab dem 3. und 4. Jahrhundert an verschiedenen Orten entstehenden so genannten Katechetenschulen,
sind nicht als Versuch zu verstehen, ein christliches elementares
Schulwesen aufzubauen. Vielmehr handelte es sich dabei um
sporadisch auftretende Gruppen von Glaubensaspiranten, die
sich unter Anleitung von theologischen Lehrern (Katecheten) in
einem mehrjährigen gestuften Gang von Unterweisung und Be-
währung auf die Taufe vorbereiteten. In dem Maße wie die Er-
wachsenentaufe an Bedeutung verlor, verschwanden auch die
Katechetenschulen wieder.

Während also – wie in der Frühgeschichte Roms – elementare Bildung, so sie überhaupt nachgefragt wurde, wieder zu einer Sache der Familie wurde, lebten Reste höherer Bildung auch außerhalb des Privaten zunächst fort. Ein wichtiges Zentrum, von dem die Lehre der *artes liberales* bis zuletzt Impulse empfangen hatte, fiel mit dem Verbot aller nichtchristlichen Bildungseinrichtungen durch Kaiser Justinian zwar weg: 529 wurde in Athen die von Platon gegründete Akademie aufgelöst. Aber noch im Übergang zum frühen Mittelalter boten in den Städten Italiens, Spaniens, Galliens und des Rheinlands ansässige Grammatiker und Rhetoriklehrer ihre Dienste an. Im griechisch geprägten oströmisch-byzantinischen Reich lagen die Verhältnisse ohnehin anders, die Schriftkultur war dort nie bedroht. Das weitere Schicksal der höheren Bildung im Westen jedoch hing entscheidend von der Haltung ab, die die römische Kirche den ihrer Herkunft nach heidnischen *artes liberales* gegenüber einnehmen würde.

Besonders unter den frühen Kirchenlehrern waren die Anhänger der *artes* durchaus zahlreich. So hatte schon Clemens von Alexandrien (145–215) dafür geworben, sich nicht allein auf den Glauben zu verlassen, sondern vom gebildeten Christen verlangt, dass er von den *artes* etwas verstehe, um damit die Inhalte des neuen Glaubens auch wissenschaftlich begründen zu können. War es nicht Jesus Christus selbst gewesen, der den Teufel durch dialektische Kunst überwunden hat? Ähnlich argumentierte Tertullian (160–220), zuerst Rhetor und später einflussreicher Kirchenlehrer. Auch Origenes (185–254) wollte den Christen dazu befähigen, die christliche Lehre wissenschaftlich verteidigen zu können. Und immerhin war, um nur ein besonders prominentes Beispiel zu nennen, der aus Numidien gebürtige Kirchenvater und Bischof Augustinus (354–430) selbst ein Absolvent des antiken Bildungswesens, ein hervorragender Kenner der *artes* und vor seiner Taufe ebenfalls als Rhetoriklehrer tätig gewesen.

Schließlich kam ein sehr handfester Grund hinzu: Bis um 400 war der Priesterstand noch längst nicht fest etabliert. Vielfach lebten die Priester von einem Gewerbe, zum Beispiel vom Handel, und da konnte es ebenfalls nicht schaden, über profundes säkulares Wissen zu verfügen. Am Ende war es Flavius Magnus Cassiodorus (490–583), der mitten im Untergang der antiken Welt durch die Synthese von heidnischer Wissenschaft und christlichem Glauben zum Bewahrer ihres Erbes und zum eigentlichen Schöpfer des christlichen mittelalterlichen Lehrplans geworden ist. Cassiodor, unter dem Germanenkönig Theoderich (453–526) Leiter der Zivilverwaltung des Ostgotenreiches in Italien und auf dem Balkan sowie Besitzer einer umfangreichen Sammlung antiker Schriften, hat zwischen 551 und 562 in zwei großen Werken, in denen er die *artes* behandelte, die Verbindung von antiker und christlicher Bildung hergestellt. Cassiodor stand damit nicht allein. Sein Zeitgenosse Manlius Boethius (480–526) zum Beispiel, ein Kenner und Vermittler der griechischen Philosophie, verfasste als erster Christ Lehrbücher zu den *artes*. So gerüstet konnte man den nicht wenigen und vor allem einflussreichen Kritikern der *artes* in der Kirche entgegentreten, darunter keinem Geringeren als Papst Gregor I. (540–604). Diesem galt trotz eigener Gelehrsamkeit der Glaube als wichtiger, denn jede Wissenschaft. Verstehen könne nur, wer glaube. Folglich hielt Gregor wenig davon, die *artes*, und sei es auch nur als Glaubenspropädeutik, zu nutzen. Hinzu kam die auch von anderen theologischen Lehrern ausgesprochene Warnung vor den «Fabeln und Irrtümern», den Frivolitäten der antiken Schriftsteller. Der Besuch von Zirkusspielen und Theatern zum Beispiel war den auf ein asketisches Lebensideal verpflichteten Christen streng verboten. Obwohl sie in der Kirche immer wieder Unterstützung fand, konnte sich eine Position wie die Gregors und der anderen Kritiker letztlich jedoch nicht durchsetzen. Spätestens im Zeitalter der Scholastik hatten sich die kirchlichen Vorbehalte den *artes* gegenüber völlig aufgelöst. Albertus Magnus (1193–1280) und dessen Schüler Thomas von Aquin (1225–1274), die herausragenden Theologen dieser Epoche, traten entschieden für ein Studium der *artes* ein. Und so bildeten die *artes* einen selbstverständlichen Gegenstand der Lehre an den Dom- und Klosterschulen des europäischen Mittelalters.

Die Dom- und Klosterschule des hohen Mittelalters

Seit dem 6. und 7. Jahrhundert wuchs die Zahl der Knaben, die den Klöstern und Bischofskirchen auf dem Gebiet der germanischen Nachfolgestaaten des (west)römischen Reiches von den Eltern übergeben worden sind, um die Laufbahn des Klerikers zu betreten, die so genannten *pueri oblati* (von lat. *offerre* = darbringen). Die Kirche hat diese Praxis gefördert, denn nur so war angesichts der schwindenden Bedeutung der Erwachsenenkonversion der Nachwuchs an Mönchen und Weltpriestern langfristig zu sichern. Hinzu kam, dass sich die Kirche schon im 6. Jahrhundert entschlossen hatte, eine deutliche Trennlinie zwischen Klerikern und Laien zu ziehen. Die Rekrutierung der ersteren sollte nicht mehr unmittelbar aus dem Laienstand heraus erfolgen (was unter anderem zum Problem verheirateter Priester und sogar Bischöfe geführt hatte), und dies konnte am besten durch das möglichst frühzeitige gemeinschaftliche Zusammenleben der (angehenden) Kleriker sowie mittels einer gewissen Bildung, die man ihnen zukommen ließ, geschehen. Schon Augustinus hatte die Einrichtung entsprechender Schulen gefordert, und seit dem Konzil von Toledo (531) haben Kirchenversammlungen immer wieder – letztmalig 1215 auf dem vierten Laterankonzil – die Forderung bekräftigt, in den Klöstern und mindestens an den Bischofskirchen Kinder zu sammeln, um sie gezielt auf den priesterlichen Beruf vorzubereiten. Außerdem verbanden die wohlhabenden Eltern die Übergabe ihrer nicht selten erst fünf- oder sechsjährigen, gelegentlich sogar noch jüngeren Söhne an die Klöster und großen Kirchen mit Schenkungen von Grundstücken oder dem Recht, Abgaben zu erheben, was die wirtschaftliche Macht und Unabhängigkeit der Kirche stärkte. Und schließlich sollten Bildung und Erziehung eine tragende Rolle bei der Heidenmission spielen und damit die Ausdehnung der Kirche insbesondere in den nördlichen und östlichen Teilen Europas unterstützen.

Die Klöster unternahmen also besondere, auf die *pueri oblati* gerichtete Anstrengungen. Auch wenn die monastische Gemeinschaft an sich schon eine Lebensform repräsentierte, die das

Lernen zur lebenslangen Pflicht und Praxis ihrer Mitglieder erhoben hatte, lassen sich doch spezifische Einrichtungen nachweisen, die sich der Ausbildung der *pueri oblati* widmeten, die ja gewissermaßen Anfänger im Klosterleben waren. Noch deutlicher tritt der quasi-schulische Charakter dieser Einrichtungen im Fall der Bischofssitze hervor, wo – eine Praxis, die sich bis ins 11. Jahrhundert hinein hielt – die an diesen Kirchen tätigen Kleriker unter Leitung des Bischofs in einem Kollektiv zusammenlebten und, wie in den Klöstern, schon sehr junge Kinder in diesen Kreis Aufnahme finden konnten. Im frühen Mittelalter bildeten sich Schullandschaften aus. Im Westen sind die Domschulen von Metz, Laon und Reims, im ostfränkischen Reich Ludwigs des Deutschen die Schulen an den rheinischen Bischofssitzen in Worms, Mainz und Köln und anschließend im deutschen Reich der Ottonen Hildesheim und Magdeburg als die ältesten und lange Zeit führenden Schulen zu nennen. Ab dem 12. Jahrhundert lassen sich selbst an Kirchen, die nicht Bischofskirchen waren, Schulen nachweisen, die so genannten «Pfarrschulen», gelegentlich auch «Küsterschulen» genannt, weil in ihnen häufig der Küster dem Pfarrer beim Unterrichten assistierte oder den Unterricht gar selbst erteilte. Immerhin war schon seit karolingischer Zeit den Pfarrern die Pflicht auferlegt, Kinder und junge Leute bei sich aufzunehmen und sie zu unterrichten, um sie dadurch, wenn möglich, für das priesterliche Amt zu gewinnen. Nicht zuletzt deshalb hatten diese Knaben beim Gottesdienst zu assistieren, den Chorgesang zu besorgen oder andere kirchennahe Dienste zu verrichten. Häufig waren die bald in ganz Mitteleuropa verbreiteten Pfarrschulen ebenso wie die Kloster- und Domschulen mit Stiftungen ausgestattet, die es auch Kindern armer Leute, darunter selbst Abkömmlingen von leibeigenen Bauern, ermöglichten, eine Schule zu besuchen. Schule konnte als eine Einrichtung genutzt werden, mit deren Hilfe sozialer Aufstieg möglich war.

Von Anfang an wurden in die Klosterschulen neben den angehenden Klerikern auch solche Kinder und Jugendliche aufgenommen, die nicht vorhatten, Geistliche zu werden. Obwohl die Kirche dies zunächst nur widerwillig zuließ, weil sie eine

Verweltlichung des klösterlichen Lebens befürchtete, bestanden schon die Merowingerkönige und in besonderer Weise dann Karl der Große auf der Erfüllung dieses Auftrags. Mit der Ausdehnung und Konsolidierung des karolingischen Großreiches entwickelte sich nämlich das, was zwar bei den Römern selbstverständlich, in der Völkerwanderungszeit aber zunächst weitgehend bedeutungslos gewesen war: eine auf Schriftlichkeit beruhende Verwaltung. Wohl unterhielt (der des Schreibens übrigens unkundige) Karl in Aachen eine unter der Leitung des gelehrten Klerikers Alkuin (730–804) stehende Hofschule, die entscheidend an der Etablierung eines funktionsfähigen Verwaltungswesens mitgewirkt hat. So wurde dort zum Beispiel eine spezielle Urkundenschrift (karolingische Minuskel) entwickelt, die, in allen Kanzleien des Reiches verwendet, die gegenseitige Lesbarkeit der immer zahlreicher werdenden Schriftstücke und Bücher gewährleisten sollte. Diese Hofschule aber war in ihrer Kapazität begrenzt und konnte nur für den Bedarf des Hofes ausbilden. Da es ein breit ausgebautes Schulwesen wie noch zu Zeiten des römischen Reiches aus den geschilderten Gründen nicht (mehr) gab bzw. ein solches nördlich des Limes ohnehin nie vorhanden gewesen war, konnte der Nachwuchs für das expandierende Verwaltungswesen nur aus den Absolventen der Kloster- und Domschulen gewonnen werden. Hinzu kam, dass die adeligen Eltern bereit waren, sich die Ausbildung ihrer Söhne an einer Klosterschule einiges kosten zu lassen, so dass aus kirchlicher Sicht immerhin wirtschaftliche Gründe dafür sprachen, in den Klöstern neben den so genannten «inneren Schulen» (*scholae interiores*) für die Mitglieder der klösterlichen Gemeinschaft «äußere Schulen» (*scholae exteriores*) einzurichten, die dem eben beschriebenen weltlichen Zweck zu dienen hatten. Diese äußeren Schulen, nicht selten besser besucht als die inneren Schulen, waren streng getrennt vom eigentlichen Kloster, das die externen Schüler nicht betreten durften. Empfingen die Absolventen der äußeren Schule anfangs immerhin noch die niederen Weihen, setzte sich im Hochmittelalter dort das reine Laienwesen durch. Gleichwohl blieb der Zusammenhang von Klerikalität und Bildung im ganzen Mittelalter so eng, dass man einen jeden, der des Lesens und Schreibens mächtig war, selbst wenn er dem Laienstand angehörte, «Clericus» nannte (noch heute ist im Englischen der *clerk* ein Schreiber).

Befanden sich in einem Kloster eine größere Zahl von Knaben – oder illiterate Mönche höheren Alters, denn auch diese finden wir unter den Schülern der *schola interior* –, dann wurden sie zum Zwecke des Unterrichts in Gruppen eingeteilt. Bereits im 7. Jahrhundert ist festgelegt worden, dass nur je zehn Knaben gemeinsam unterrichtet werden sollten. Aller Unterricht lag meist in der Hand eines einzigen Lehrers. Neben dem Buch gab es keine weiteren Medien. Erst im Spätmittelalter kam das Bild als Gedächtnishilfe in Gebrauch. Im Schulraum saßen die Schüler längs den Wänden des Saales und zwar jeder auf seinem eigenen Stuhl, während der Lehrer von einem erhöhten Sitz aus vortrug. Die Leistungen der Schüler wurden mit Noten zensiert. Die Schüler der inneren Schule, die Mitglieder der klösterlichen Gemeinschaft mit allen Pflichten waren, also wie die Mönche an den Stundengebeten teilnahmen und ihre Dienste im Kloster versahen, unterlagen noch strengeren Verhaltensregeln als ihre Altersgenossen der äußeren Schule, beide jedoch einer exakt einzuhaltenden Zeitdisziplin. Die Schulzucht war hart, Stock und Rute wurden häufig gebraucht. Den Tag über mussten die jungen Leute schweigen; nur an den Sonn- und Feiertagen war während weniger Stunden das Spiel erlaubt. Ständig war ein Lehrer um sie herum, der darüber wachte, dass sie einander nicht zu nahe kamen, ja sie mussten voneinander einen solchen Abstand halten, dass sich ihre Kleidung nicht berührte.

Was wurde nun an den Kloster- und Domschulen gelehrt? Hinweise darauf liefert bereits eine 789 in Aachen zusammengetretene Synode. Auf dieser Synode wurde erstmals ein Minimalkanon der Lehre an den kirchlichen Schulen festgelegt. Danach sollten die Knaben am Ende ihrer schulischen Ausbildung das Lesen und Schreiben gelernt haben, die Psalmen (auswendig) hersagen können, die kirchlichen Festtage zu berechnen in der Lage sein sowie sich auf den Kirchengesang und das Halten der Messe verstehen. Darüber hinaus sollten die angehenden Weltpriester den Gläubigen – selbstverständlich in lateinischer

Sprache – das Vaterunser und das Glaubensbekenntnis beibringen können. Schon seit den Anfängen des Christentums war es elterliche Pflicht gewesen, den Kindern eine religiöse Grundbildung in diesem zuletzt beschriebenen Umfang zu vermitteln. Im Laufe der Zeit erweiterte sich dieser Pflichtenkreis immer mehr und umfasste im hohen Mittelalter eine stattliche Anzahl an Gebeten. Wo sich die Eltern oder ersatzweise die Paten zu dieser Unterweisung nicht in der Lage zeigten, ging der Auftrag an den Ortspfarrer über. Nur wer die hierzu erforderlichen Kenntnisse nachweisen konnte, sollte eine Pfarrstelle übernehmen dürfen – ein doch eher bescheidenes Anforderungsprofil, an dem sich während Jahrhunderten kaum etwas geändert hat, und dem viele Angehörige des niederen Klerus dennoch eher schlecht als recht entsprochen haben. Schulen an kleineren Klöstern und die oben erwähnten Pfarrschulen hatten nicht mehr als dieses elementarunterrichtliche Minimalprogramm im Angebot. Allein an den größeren Schulen wurden darüber hinaus die sieben freien Künste gelehrt, wobei wiederum nur die leistungsfähigsten und größten Schulen neben dem Trivium auch das Quadrivium anboten.

Der Unterricht im Trivium begann mit der Grammatik, das heißt mit dem systematischen Studium des Lateinischen. Dabei ging es nicht darum, ein wirkliches Verständnis der gelesenen Autoren zu erlangen oder gar kritische Fragen an die Texte zu stellen. Vielmehr stand der Gedanke, sich über die Aneignung eines gemeinsamen Wissensbestandes in die klösterliche Gemeinschaft hineinzuleben, ganz im Mittelpunkt. Deshalb wurde weniger auf das stille, individuelle, sondern vielmehr auf das laute Lesen in der Gruppe und das fleißige Wiederholen großer Wert gelegt. Darüber hinaus strebte man danach, von den Dichtern die äußere Form und Gewandtheit im lateinischen Ausdruck zu erwerben. Im Blick auf die spätere Schreibertätigkeit spielte auch eine gute Orthographie eine wichtige Rolle – wenngleich, wie fehlerhafte Handschriften heute noch zeigen, viele Schreiber weder verstanden haben, was sie abschrieben, noch Sicherheit in der richtigen Schreibweise besaßen. War die Grammatik abgeschlossen, schritt man weiter zur Rhetorik. Anders als in der Antike spielte diese als Kunst des Verfertigens schöner Verse und klug aufgebauter politischer Reden in der christlichen Erziehung zwar keine Rolle. Zur Rhetorik gehörend aber galt seit alters auch die Kompetenz, Briefe und Urkunden abzufassen. Und als solche bildete sie einen wichtigen Teil der Qualifikation eines in Verwaltungsdingen bewanderten Klerikers. Schließlich wurde noch die Dialektik gelehrt. Die angehenden Verkünder des Wortes Gottes sollten die Verschlagenheit der Ketzer durchschauen lernen und im Stande sein, die gefährlichen Trugschlüsse derselben zu widerlegen. Zur Lehre verwendet wurden die schon aus der Antike bekannten Werke, so im Grammatik-Unterricht die *Ars Grammatica* des Donatus, auch Vergil und andere römische Dichter dienten als Material. In der Rhetorik griff man auf Cicero und Lehrbücher des Urkundenwesens zurück, in der Dialektik schöpfte man aus den Schriften des Martianus Capella, des Boethius und des Cassiodor. Mit der Zeit kamen immer neue Lehrbücher hinzu bzw. traten solche an die Stelle der alten, war es doch das Bestreben, wo immer es ging, die heidnischen Autoren durch christliche zu ersetzen. Dabei handelte es sich entweder um Neubearbeitungen der bekannten antiken Bücher oder eigenständige christliche Schöpfungen wie zum Beispiel die Bibelparaphrasen frühkirchlicher Autoren, nicht zu vergessen die zahlreich entstehenden Heiligenlegenden. Berühmte Lehrer des frühen Mittelalters wie zum Beispiel Bonifatius (675–754), Bischof von Mainz, Hrabanus Maurus (780–856), Abt zu Fulda, und Walahfrid Strabo (gest. 849) von der Reichenau, im Hochmittelalter zum Beispiel Konrad von Hirsau (gest. 1150), sind auf diese Weise als Autoren von Lehrwerken hervorgetreten. Da Bücher sehr kostbar waren, hatte meist nur der Lehrer ein solches zur Hand, aus dem er vorlas und die Schüler so lange nachsprechen ließ, bis sie die Formen und Regeln perfekt beherrschten. Erst die älteren Schüler schrieben die Lehrbücher ab und verschafften sich auf diese Weise nicht nur ihr persönliches Exemplar, sondern übten sich zugleich im Anfertigen von Handschriften, was im Rahmen des klösterlichen Lebens ohnehin zu ihren künftigen Aufgaben gehörte. Für die zahlreichen Kinder armer Eltern unter den Klosterschülern, die keine Schenkungen oder regelmäßigen Zahlungen an das Kloster mitbrachten, boten Schreiberdienste die Gelegenheit, etwas zu ihrem Lebensunterhalt beizutragen.

Das Quadrivium setzte mit der Arithmetik ein. Gerechnet wurde anfangs mit den römischen Ziffern, eine schwierige und selbst unter Zuhilfenahme der Finger und des Abakus aufwendige Sache. Das arabische Ziffernsystem war in Mitteleuropa nicht vor dem 12. Jahrhundert bekannt, in die Schulen hielt es erst im 15. Jahrhundert Einzug. Eine wichtige Rolle spielte die Zahlenmystik. Im Mittelalter, wo alles Absonderliche sich großer Beliebtheit erfreute, übte das geheimnisvolle Spielen mit den Zahlen einen umso größeren Reiz auf die Menschen aus, je verschlossener ihnen die Geheimnisse der Mathematik tatsächlich blieben. Außerdem glaubte man sich erst durch die Zahlenmystik in der Lage, gewisse Stellen der Heiligen Schrift in ihrer ganzen Tiefe erfassen zu können. Die Gegenstände des astronomischen Unterrichts waren unter anderem die Messung der Zeit, die Kalender der Griechen und Römer, der Lauf der Planeten,

Unterricht durch Mönche: Die Schüler lernen Geographie aus Büchern und aus der Anschauung eines Berghanges, auf den der Lehrer zeigt. Miniatur aus dem Jahr 1372. Paris, Bibliothèque Sainte-Geneviève

die Bedeutung der Tierkreiszeichen. Über astronomische Grundkenntnisse zu verfügen war wichtig, um den kirchlichen Festkalender und die täglichen Gebetsstunden der Mönchsgemeinschaft berechnen zu können. Zu den wichtigsten Fächern des Quadriviums gehörte die Musik. Der Chorgesang war ein zentrales Element klösterlichen Lebens und die Verbesserung der Notenschrift eine lange Zeit unabgeschlossene Aufgabe. Außer zu singen und ein Musikinstrument zu erlernen, ging es darum, die Beziehungen der Musik zur Arithmetik (Zahlenmystik!) zu erforschen. Unter der Bezeichnung «Geometrie» wurden seit Cassiodor meist Erdkunde und Erdbeschreibung gelehrt. Anhand einer Erdkarte wurden die einzelnen Weltteile behandelt, die Hauptflüsse und Berge benannt usw. An den großen Schulen wurde dieser Unterricht zu einer Art Naturkunde erweitert. Häufig zog man dazu ein Werk des Hrabanus Maurus, *De Universo*, heran, in dem dieser den Menschen und dessen Teile, die Tiere, die Elemente, den Himmel und die Lufterscheinungen, die Mineralien, die Pflanzen und anderes mehr behandelte. Auch im Quadrivium griff man neben Neuschöpfungen wie der gerade erwähnten des Hrabanus Maurus auf antike Werke zurück. Zum astronomischen Unterricht etwa auf eine Plinius-Bearbeitung, in der Musik auf Boetius' *De Musica*, in der Naturkunde auf den *Physiologus*, ein Buch, das schon aus der christlichen Antike stammte und das bis ins 13. Jahrhundert immer wieder neu bearbeitet wurde.

Im 12. und 13. Jahrhundert ist in diese traditionelle Lehre der *artes* in mindestens zweifacher Weise Bewegung gekommen. Zum einen wurde immer häufiger die starre Ordnung der sieben Künste durch Hereinnahme neuer Wissensgebiete, wie zum Beispiel Physik, Ökonomie, Geschichte, aufgegeben. Außerdem lässt sich beobachten, wie an den größten und leistungsfähigsten Dom- und Klosterschulen auf dem Studium der *artes* aufbauend neue Fachstudien entstanden sind. Durch Reisen, die Kreuzzüge, den beginnenden Fernhandel, durch das Einfließen arabischer Gelehrsamkeit und anderem mehr hatte sich das verfügbare Wissen so sehr vermehrt, dass es nicht mehr ins enge Korsett der *artes* zu pressen war. Man kann deshalb geradezu von einem Zerbrechen der alten *artes*-Einheit zugunsten einzelner, in ihrer Gesamtzahl schnell zunehmender Lehrfächer sprechen. Zudem begann sich das Wissen aus der bis dahin vorherrschenden theologischen Verzweckung zu lösen. Vermittelt über die arabische Kultur auf der iberischen Halbinsel kam man im hohen Mittelalter wieder mit den Schriften des Aristoteles in Berührung, und es bildete sich ein eigenständiges, säkulares System der Philosophie heraus, das zwar theologisch genutzt werden konnte, aber nicht mehr primär auf die Bedürfnisse der Theologie hin entworfen war. Neben dem kirchlichen (kanonischen) Recht wuchs das weltliche Recht in seiner praktischen Bedeutung. Die Wiederentdeckung der antiken Medizin leistete ihren Beitrag zur neuen Wissenschaft von der Heilkunde.

Diese Fülle an neuen Erkenntnissen in Verbindung mit dem, was die Tradition bereitstellte, führte ganz natürlicherweise zu einer Spezialisierung. Selbst an den bedeutendsten europäischen Lehranstalten konnten nicht mehr alle Disziplinen in gleicher Qualität geboten werden. An der einen Schule tat sich ein führender Grammatiker hervor, an der anderen ein großer Mathematiker. An einer dritten wurde die Theologie besonders eingehend gelehrt. So mussten die jungen Leute, die sich ein exzellentes Wissen in allen Disziplinen aneignen wollten, von einer Schule zur anderen ziehen, um dem Unterricht bei den verschiedenen Lehrmeistern beizuwohnen. Wo eben gerade ein hervorragender Lehrer seine Wirksamkeit entfaltete, dorthin strömten die Schüler. Lernen und studieren, das hieß im hohen und späten Mittelalter: mobil und stets auf Wanderschaft sein. Auf diese Weise wurde im 11. und 12. Jahrhundert Paris zu einem Zentrum der Theologie. Zur selben Zeit bildeten die norditalienischen Schulen in Bologna, Perugia, Padua, Pisa und Florenz einen Schwerpunkt in der Rechtsgelehrsamkeit. Im süditalienischen Salerno wirkten berühmte Mediziner. Aus diesen genannten Schulen entwickelten sich im 13. Jahrhundert die ersten Universitäten der europäischen Geschichte. Dies geschah unter tatkräftiger Einflussnahme der weltlichen Macht – seien dies, wie im Falle der oberitalienischen Hohen Schulen, die städtischen Magistrate, oder im Fall der 1224 gegründeten Univer-

sität Neapel, der Kaiser persönlich. *Universitas* bezeichnet dabei
die Gemeinschaft der Lehrenden und Lernenden. Bis 1300 entstanden auch in England, auf der iberischen Halbinsel und im
Süden Frankreichs Universitäten. Sie boten, in wie auch immer
modifizierter bzw. erweiterter Form, in der so genannten Artistenfakultät die sieben freien Künste an und darauf aufbauend in
den oberen Fakultäten Wissenschaft (*scientia*), nämlich das Studium der Theologie, der Jurisprudenz und der Medizin. Der di-
rekte Einfluss der Kirche auf die Universitäten war von Anfang
an meist gering und beschränkte sich auf das päpstliche Privileg, die Ernennung des Rektors durch den Diözesanbischof sowie den Umstand, dass der Kanzler noch für längere Zeit, wie
anfangs auch das Lehrpersonal, aus dem Stand der Kleriker genommen wurde. Im Zuge einer zweiten Welle von Universitäts-
gründungen im 14. und 15. Jahrhundert sanken viele Dom- und
Klosterschulen zu Vorbereitungsanstalten auf das Universitätsstudium herab und führten häufig in Gestalt der Grammatik
nur noch ein reduziertes Trivium als Lehrfach (im Englischen
im Begriff der *grammar school* erhalten). Nur an den größten
und besten unter ihnen konnte man nach wie vor alle Fächer
der *artes* studieren, so dass sich hier nicht nur eine Überschnei-
dung mit der Lehre an den neu gegründeten Universitäten ergab, sondern in diesen Fällen stets der Wunsch bestand, selbst
auch zu einer solchen Hohen Schule aufzusteigen.

Die sich hier abzeichnende Verweltlichung des spätmittelalterlichen Bildungswesens in Europa spiegelt auch der folgende
Sachverhalt wider: Der im Auftrag des Bischofs handelnde Leiter einer Domschule (*scholasticus* oder *magister scholarum*) besaß ein Aufsichts- und Weisungsrecht gegenüber den Pfarrschulen der betreffenden Diözese. Ohne seine Zustimmung konnten
die Ortspfarrer dort niemanden zur Lehre heranziehen. Das
heißt, in der ganzen Diözese durfte niemand Schule halten, der
nicht vom Leiter der Domschule die *facultas docendi* erhalten
hatte. Es war nun genau dieses Privileg, das im ausgehenden
Mittelalter, als die Magistrate der Städte begannen, selbst Schulen zu errichten, Streit zwischen den geistlichen und den weltlichen Behörden auslöste.

Die Anfänge eines weltlichen Schulwesens

Das 12. und 13. Jahrhundert war eine Zeit der Städtegründungen und einer neuen Blüte urbanen Lebens in Europa. Zuerst in den aufstrebenden Städten Oberitaliens und Flanderns, kurz darauf auch in Deutschland, hatte sich ein Stadtpatriziat, eine Schicht wohlhabender Kaufleute herausgebildet, die als Träger des Fernhandels auf Schriftlichkeit angewiesen waren. Es galt Verträge abzufassen, Briefe zu schreiben, Rechnungen zu stellen und im Rahmen der städtischen Selbstverwaltung Urkunden auszufertigen. Anfangs ließen die Kaufleute die Abwicklung ihrer Geschäfte von klerikalen Schreibern oder Absolventen einer *schola exterior* erledigen. Was diese an Kenntnissen mitbrachten, entsprach jedoch je länger je weniger den spezifischen Anforderungen des Handels und des produzierenden Gewerbes. So musste man sich – beispielsweise – nicht auf die Ermittlung des Ostertermins verstehen, sondern den Preis einer Ware berechnen können; statt Kenntnisse im Kirchenrecht benötigte man solche im weltlichen Recht. Kurz: Die *scrivekamere* des Großkaufmanns und die Kanzlei des städtischen Magistrats verlangten andere Kompetenzen als Kloster- und Domschule sie bieten konnten. Da in Deutschland – anders als zum Beispiel in England – die Vermittlung der elementaren Kulturtechniken nicht Teil der Berufslehre war, sahen sich die Magistrate veranlasst, selbst Schulen zu gründen. Diese Schulen unterschieden sich von den kirchlichen Schulen nicht durch die lateinische Sprache, die hier wie dort Unterrichtssprache war, und ebenso wenig hinsichtlich der Lehrer, die auch in den weltlichen Schulen zumindest anfangs Geistliche und später zwar Laien, aber immer Theologen waren, sondern im Blick auf das in ihnen vermittelte Wissen, das nach dem Kriterium seiner berufspraktischen Nützlichkeit in Handel und Gewerbe ausgewählt wurde. Auch kamen zunehmend säkulare Unterrichtsmedien zum Einsatz. So wurde das Lesen nicht mehr an Hand des Psalters, sondern mit Hilfe einer Fibel gelehrt, die nach der Erfindung des Buchdrucks (durch Johannes Gutenberg 1445) vermehrt auch in Schülerhand gelangte. Mit der Rats-, Latein- oder auch Trivialschule (weil in ihr das Trivium gelehrt wurde) war eine Alternative zur alten Dom- und Klosterschule bzw. zu den örtlichen Pfarrschulen für alle diejenigen verfügbar geworden, die nicht den geistlichen, sondern einen weltlichen Beruf anstrebten, sei es in Handel, Handwerk und Kommerz, sei es über ein Universitätsstudium der Jurisprudenz oder in der Medizin. Überdies entstanden nach dem Vorbild dieser gewissermaßen höheren Schulen weltlicher Prägung – häufig in Verantwortung der städtischen Zünfte – bald auch Schulen, die den Nachwuchs der Kleinhandwerker und Krämer aufnahmen. Ein mitunter gut dotiertes Stipendien- und Almosenwesen sorgte für reichlich Zustrom durch arme Schüler, die ihre Chance, durch Bildung sozialen Aufstieg zu realisieren, nutzen wollten und frei umherziehend («Vaganten») zu einem auffälligen sozialen Phänomen der spätmittelalterlichen Städte wurden. In diesen Schulen wurde nicht mehr in Latein, sondern in der jeweiligen Nationalsprache ein auf Lesen und Schreiben konzentriertes elementares Programm unterrichtet; daher in Deutschland der Name «deutsche» Schulen oder auch – nach dem wichtigsten Lehrinhalt benannt – «Schreibschulen». Diese elementaren Kenntnisse sind auch in den so genannten Winkel-, Klipp- oder Beischulen vermittelt worden, reinen Privatunternehmungen und von den städtischen Behörden wenig geschätzt, in denen Lehrer, die ihr Theologiestudium abgebrochen hatten, oder Absolventen einer Lateinschule meist sehr dürftig unterrichteten. Anders dagegen die Rechenmeister in den großen Handelsstädten, die gegen Bezahlung Kinder im elementaren Rechnen unterwiesen, solange dies in den «deutschen» Schulen noch nicht gelehrt wurde. Diese Rechenmeister unterrichteten z. T. auf hohem Niveau und suchten kreativ nach neuen Lehrmethoden, schließlich lebten sie davon, weiterempfohlen zu werden. So stammen die ältesten Werke zum Rechenunterricht, in der zweiten Hälfte des 15. Jahrhunderts erschienen, aus der Feder solcher Rechenmeister, von denen namentlich Adam Riese (1492–1559) heute noch ein Begriff ist. In die weltlichen Schulen aufgenommen wurden die Kinder, wie im Falle der kirchlichen Schulen, als Sechs- oder Siebenjährige, um sie maximal sechs oder sieben Jahre später wieder zu verlassen.

Vielfach jedoch beschränkte sich der Schulbesuch auf einige wenige Jahre.

Die Kirche war natürlich bestrebt, dem sich abzeichnenden Verfall ihres Schul- und Bildungsmonopols Widerstand entgegenzusetzen. Deshalb versuchte sie, das von ihr ausgeübte schulische Aufsichtsrecht auch gegenüber dieser neuen Art von Schulen anzuwenden. Wie selbstverständlich beanspruchte der *scholasticus* der Domschule, das Lehrpersonal auch der städtischen Schulen auszuwählen und dessen Beaufsichtigung vorzunehmen, was freilich die überall in Europa nach kommunaler Autonomie strebenden städtischen Magistrate bzw. die adeligen Stadtherren, das heißt die mächtiger werdenden Herren des jeweiligen Territoriums, auf dem die betreffende Stadt lag, nicht so ohne weiteres hinzunehmen bereit waren. Häufig gingen die sich daraus ergebenden Streitigkeiten – jene Konflikte, von denen oben die Rede war – so aus, dass die Stadtherren, in den deutschen Reichsstädten die städtischen Magistrate, ihr Recht zur Schulgründung und zur Aufsicht über diese Schulen durchsetzen konnten, sie letzteres aber *de facto* von der Kirche und diese wiederum über die Ortspfarrer ausüben ließen. Zudem waren mit dem Lehramt regelmäßig bestimmte Kirchendienste verbunden, so die Messnerei oder die Leitung des Schülerchores, dem, wie in den Pfarr- oder Küsterschulen, die musikalische Begleitung der Gottesdienste oblag und der bei Begräbnissen aufzutreten hatte. Somit verblieb auch das weltliche Schulwesen der Städte trotz allem in einem gewissen Kontakt mit der Kirche.

Zur Bildung der Mädchen und Frauen

Obwohl der christliche Glaube betont, dass vor Gott kein Ansehen der Person gilt, haben die mittelalterlichen Theologen an der aus der Antike übernommenen Vorstellung von der Minderwertigkeit der Frau festgehalten. Als *vir imperfectus*, als unvollkommenen Mann, hat Thomas von Aquin die Frau bezeichnet. Hinzu kam noch ein praktischer Grund: Die Frau war im Christentum (anders als in der heidnischen Antike oder auch bei den Germanen) vom priesterlichen Amt ausgeschlossen. Damit bestand noch weniger die Notwendigkeit, sie an der Literalität teilhaben zu lassen.

Dennoch gab es im Mittelalter hoch gebildete Frauen. In karolingischer Zeit bereits begegnet uns Dhuoda, die schriftstellernde Frau des Herzogs von Septimanien (heute Katalonien). Oder denken wir an die herausragenden Vertreterinnen der hochmittelalterlichen Mystik, Hildegard von Bingen (1098–1179) und Mechthild von Magdeburg (1207–1283). Wie bei den zuletzt Genannten handelte es sich bei den gebildeten Frauen des Mittelalters häufig um Nonnen. Den Männerklöstern vergleichbar haben auch die Frauenklöster im Mittelalter als Bildungseinrichtungen fungiert und dafür gesorgt, dass Mädchen nicht ohne Anteil an der Bildung geblieben sind. Zum einen haben Frauenklöster Mädchen aufgenommen, die sich als Novizinnen auf ein klösterliches Leben vorbereiten wollten. Aber auch Mädchen aus dem Adel, seit dem 13. Jahrhundert auch aus dem Bürgertum, die nicht vorhatten ins Kloster einzutreten, sondern lediglich ihre Ausbildung vervollständigen wollten, konnten am Unterricht im Kloster teilnehmen. Dieser bestand aus der Vermittlung des Lesens und Schreibens an Hand des Psalters sowie aus der Einführung in den Kirchengesang und erstreckte sich gelegentlich sogar aufs Latein. Nicht selten kam dann noch das Trivium hinzu. Die Äbtissin Herrad von Landsberg (gest. nach 1196) hat für diesen Zweck sogar ein in den Frauenklöstern vielbenutztes Lehrbuch verfasst, den *Hortus Deliciarum*. Viele dieser Schulen erreichten also durchaus ein Niveau, wie es in den Männerklöstern üblich war. In den besten unter den Frauenklöstern wurden sogar Ansätze des Quadriviums gelehrt. Auf diese Weise war dafür gesorgt, dass neben der geistlichen gebildeten Frau, der Nonne, eine kleine Schicht weltlicher gebildeter Frauen entstehen konnte. Diesen nicht-klösterlichen, aber des Lesens und Schreibens kundigen und zumindest in den sprachlichen freien Künsten bewanderten Frauen verdanken herausragende Werke der höfischen Dichtung des 12. und 13. Jahrhunderts ihre Entstehung. Diese Frauen waren nämlich zugleich Auftraggeberinnen und Adressatinnen des in den jeweiligen Nationalsprachen – in Deutschland also in mittelhochdeutscher

Sprache – vorgetragenen Minnesangs. So waren es Frauen, die ihre Bildung in einer Klosterschule erhalten hatten, die im Mittelalter zu Trägerinnen einer muttersprachlichen, säkularen, nichtklerikalen Schriftkultur geworden sind. Mit dem Ideal des Ritters vertrug sich das Umgehen mit Büchern nämlich wenig. Der männliche Teil des Adels bis hinauf in die königlichen Geschlechter war fast immer des Schreibens und meist auch des Lesens unkundig und lebte noch ganz in der Tradition der altgermanischen Erziehung: Kriegstechnik, Umgang mit Pferden, Schwertkampf, Jagen, Kenntnis und Vortrag von Heldenliedern und Spruchweisheiten. Zerstreuung boten Turniere und das Schachspiel. Die adeligen Dichter des Mittelalters, Wolfram von Eschenbach und andere, mussten ihre Dichtungen ihren klerikalen Schreibern diktieren. Seit Otto III., der 998 eine Urkunde eigenhändig unterschrieben hat, konnten wenigstens hochgestellte Fürsten schreiben und lesen, wenn auch in der Regel nicht Latein, sondern in den Nationalsprachen und häufig sehr holperig und fehlerhaft. Bis zum gelehrten und vielsprachigen Stauferkaiser Friedrich II., der freilich in jeder Hinsicht eine Ausnahmeerscheinung war und als solche schon in seiner Zeit bestaunt wurde, war es noch ein weiter Weg. Ab dem 14. Jahrhundert soll der Adel in der überwiegenden Zahl seiner Mitglieder des Lesens und Schreibens kundig gewesen sein. Die einzige Bevölkerungsgruppe der mittelalterlichen Gesellschaft, deren männliche Angehörige von Anfang an und durchweg das Lesen und Schreiben beherrschten, waren die Juden. Die Kenntnis des Lesens und Schreibens (der hebräischen Sprache) war im Judentum religiöse Pflicht, und der Synagoge als Bethaus war stets eine Schule angegliedert.

Der Besuch einer Klosterschule durch Mädchen, ab dem 14. Jahrhundert auch der Besuch einer speziellen Bildungseinrichtung für Mädchen und junge Frauen, des so genannten Damenstifts, ist freilich eher die Ausnahme gewesen. Im Adel und vor allem im Bürgertum war üblicherweise entweder die Mutter die Lehrerin ihrer Töchter oder man engagierte einen Hauslehrer, z. B einen armen Lateinschüler, der sich auf diese Weise seinen Lebensunterhalt und das Schulgeld verdienen konnte. Anders lagen die Dinge im städtischen Kleinbürgertum, dem die finanziellen Mittel zur Lösung des Bildungsproblems auf privater Basis fehlten. Hier wurden deshalb die erwähnten «deutschen Schulen» und die Winkel- oder Klippschulen häufig auch von Mädchen besucht, waren also koedukativ verfasst. Reine Mädchenschulen waren dagegen in Deutschland selten, begegnen uns aber immerhin ab der zweiten Hälfte des 14. Jahrhunderts, wenn auch in geringer Zahl.

3. Neuzeit:
Humanismus, Reformation und Barock

Die Folgen der Reformation für das Schulwesen

Die Zeit zwischen 1450 und 1550 war eine Schlüsselepoche in der Geschichte Europas. Das Mittelalter ist zu Ende gegangen und die Neuzeit zum Durchbruch gekommen. An die Stelle des alten Feudalstaates, der auf der persönlichen Verpflichtung dem jeweiligen Lehnsherren gegenüber beruhte (Personenverbandsstaat), trat der Territorialstaat, regiert von einem souveränen Fürsten (welcher auch ein Bischof oder der Abt eines großen Klosters sein konnte), gestützt auf eine effiziente Verwaltung.

Auch geistig brachte die Zeit Neues. Durch die Entdeckung Amerikas und des Seewegs nach Indien, beides kurz vor 1500, begann sich der Horizont der Zeitgenossen, zumindest der Gebildeten unter ihnen, zu weiten. Naturwissenschaftliches Forschen und die Astronomie – denken wir nur an Kopernikus, Galilei und Kepler – erschütterten das mittelalterliche Weltbild nachhaltig. Die erste Weltumsegelung, begonnen von Ferdinand de Magellan, 1519–1522, hatte die Kugelgestalt der Erde bewiesen. Aus Norditalien kommend, wo sie in Florenz ihren Ursprung hatte, erreichte eine folgenreiche Bewegung Mitteleuropa: der Renaissancehumanismus und mit ihm die Idee der Persönlichkeit, des Individuums – abzulesen an dem in der europäischen Kunst neuen Genre der Porträtmalerei –, und die Hinwendung zur klassischen Antike. Die Begeisterung für die Antike wurde in Deutschland noch dadurch unterstützt, dass dem deutschen Humanismus eine in Italien so nicht vorfindbare religiöse Färbung eigen war, was das Interesse an den alten Sprachen weiter förderte, die ja auch die Sprachen der Bibel und der christlichen Theologie waren. Die großen Humanisten nördlich der Alpen waren oft theologisch gebildet und zum Teil Anhänger der reformatorischen Lehre – Namen wie Erasmus von Rotterdam (1466–1536) und Philipp Melanchthon (1497–1560) sind hier zu nennen. Beide geistigen Bewegungen, Humanismus und Reformation, waren eng aufeinander bezogen und haben sich wechselseitig unterstützt. So hat Martin Luthers (1483–1546) Lehre von der Freiheit eines Christenmenschen der durch die Renaissance angebahnten Idee von der Bedeutung des Einzelmenschen Auftrieb gegeben. Die Gnade Gottes erschloss sich nach reformatorischer Überzeugung nur demjenigen, der zur eigenständigen Erkenntnis des Wortes Gottes fähig war, wer nicht nur hören, sondern auch lesen konnte, galt doch als zentrales Prinzip für den Protestantismus: *sola scriptura* – nur die Schrift zählt. Ein letztes tat die Erfindung des Buchdrucks. Nur ein halbes Jahrhundert nach Gutenbergs Pioniertat sollen in Europa bereits mehr als 30 000 Druckwerke in Umlauf gewesen sein. Noch waren die meisten davon in lateinischer Sprache abgefasst, die Nationalsprachen aber gewannen stetig an Gewicht.

Dass als unmittelbare Folge der Reformation in vielen Gebieten des Heiligen Römischen Reiches deutscher Nation ein erheblicher Schwund an Schulen zu beobachten war, musste vor diesem Hintergrund ein Problem sein. Weil in den protestantisch gewordenen Territorien die Klöster aufgehoben und die kirchlichen Pfründe eingezogen wurden, brach an diesen Orten das von der Kirche getragene Schulwesen zusammen. Aber auch das Vertrauen in die weltlichen Schulen hatte gelitten. «Fast niemand mehr (wolle) seine Kinder in die Schule schicken und studieren lassen, weil die Leute aus Luthers Schriften so viel vernommen, dass die Pfaffen und Gelehrten das Volk so jämmerlich verführt hätten», wurde 1525 in einer süddeutschen Stadtchronik geklagt. Von einer Bildungskrise im Gefolge der Reformation ist in der schulgeschichtlichen Literatur die Rede, die in

Getrennter Unterricht von Mädchen und Jungen: Holzschnitt von Hans Holbein d. J. zu einem Sendschreiben von Martin Luther «An die Radherrn aller stedte deutsches lands: das sie Christliche schulen auffrichtenn und halten sollen». Heidelberg, Universitätsbibliothek

den protestantischen Gebieten jedoch bald schon durch zahlreiche Neugründungen überwunden werden konnte. Luther selbst hat, weil er um die Gefahr wusste, die seiner Lehre aus dem Schulsterben erwachsen musste, die Eltern nachdrücklich ermahnt, ihre Kinder recht zu erziehen und sie in die Schule zu schicken – schließlich sollten alle Christen die Heilige Schrift in ihrer Muttersprache lesen können. Gegenüber der Obrigkeit hat er sich für die Einrichtung von Schulen und die Überwachung des Schulbesuchs stark gemacht.

Charakteristisch für die Neugründungen, die in den protestantischen Gebieten aus der Schulkrise führen sollten, war denn auch, dass diese von den Landesfürsten, in den Reichsstädten und im niederen Schulwesen von den städtischen Magistraten, vorgenommen worden sind. In manchem aufgelassenen Kloster richteten die Landesherren internatsmäßig geführte Eliteanstalten ein, aus deren Schülerschaft sich der Führungsnachwuchs für Kanzel, Katheder und Amtsstube des jeweiligen Landes rekrutierte. Das uns heute in Deutschland selbstverständliche staatliche Schulwesen nimmt hier, im protestantischen Deutschland der Reformationszeit, seinen Anfang und ist eng mit der frühneuzeitlichen Territorialstaatsentwicklung verbunden. Das Interesse der Landesherren an den Schulen war nämlich nicht vorrangig religiöser, sondern politischer Natur. Die Landesfürsten strebten nach Ausdehnung und Stabilisierung ihrer Macht, und hier war das Schulwesen eine willkommene Gelegenheit, das alleinige Gesetzgebungsrecht zu beanspruchen und auf diese Weise unmittelbaren Einfluss auf die Untertanen zu gewinnen.

Einen interessanten Kontrast zur deutschen Entwicklung bietet übrigens England, ein Land, das sich ebenfalls von Rom abgewandt hat. Hier hat sich im Reformationszeitalter weniger die königliche Zentralmacht als vielmehr das wirtschaftlich starke Bürgertum, das von der Säkularisierung des Kirchengutes profitiert hat, um die höheren Schulen bemüht und damit eine lang andauernde Tradition privater Trägerschaft im Schulwesen begründet.

In den protestantischen Territorien Deutschlands dagegen wurden im Rahmen von Kirchenordnungen, die die Landesherren in ihrer Eigenschaft als Kirchenherren (landesherrliches Kirchenregiment) erließen, auch Schulordnungen herausgegeben, in denen schon ganz im Stil moderner politischer Planung festgelegt war, wo in dem betreffenden Land Schulen welcher Art einzurichten seien, was in ihnen gelehrt werden sollte, über welche Vorbildung die Lehrer verfügen mussten usw. Besonders einflussreich und vorbildhaft für andere Länder waren die hessische Schulordnung von 1526, die sächsische von 1528 und die württembergische von 1559. Insgesamt soll es in den deutschen Ländern und freien Reichsstädten am Ende des 16. Jahrhunderts weit über hundert Schulordnungen gegeben haben, von denen nicht wenige aus der Feder berühmter Humanisten und Reformatoren wie zum Beispiel Philipp Melanchthon und Johannes Bugenhagen (1485–1558) stammten. Eine weitere Welle von Schulordnungen begegnet uns gut ein Jahrhundert später, als die Landesherren ihre vom Dreißigjährigen Krieg verheerten Länder und verfallenen Schulen wieder aufzurichten bemüht waren. Dabei ist im Herzogtum Gotha 1642 erstmals das niedere Schulwesen außerhalb der Kirchenordnung geregelt worden. Das war, wenn man so will, das erste Schulgesetz in der deutschen Geschichte. Wie sah nun das Schulwesen aus, das die Schulordnungen des 16. und 17. Jahrhunderts entworfen haben?

Die höhere Schule in den protestantischen Ländern

Wir haben schon gesehen, dass die höhere Schule und die Universität sich im Blick auf die Lehre mindestens der sprachlichen Fächer des ehemaligen Triviums überschnitten. Das galt auch für die Zeit nach der Reformation. Diese Fächer konnte man an den Universitäten, die in der zweiten Hälfte des 16. Jahrhunderts durch die Landesherren in nunmehr vollkommen autonomer Weise, das heißt ohne das bisher übliche päpstliche Privileg, zahlreich gegründet wurden, aber auch an den besseren und größeren Latein- oder Ratsschulen lernen. Für diese in der Regel achtjährigen Schulen bürgerte sich im 16. Jahrhundert der Name «Gymnasium» ein, um sie von den einfachen, sechsjährigen Lateinschulen abzuheben, die sich von den Elementarschulen häufig nur durch die lateinische Unterrichtssprache unterschieden und auch «Stadtschulen» genannt wurden. Als Krone dieser hierarchisch gestuften Schullandschaft kam noch das *gymnasium illustre* hinzu, das in weiteren zwei Jahren Lehre in den aus dem Quadrivium hervorgegangenen Fächern, ja sogar in den Anfangsgründen der Theologie, der Jurisprudenz und der Medizin anbot. Das war schon ein semiuniversitäres Programm, und einzelne dieser «illustren Gymnasien» sind im Laufe der Zeit tatsächlich zu wirklichen Universitäten aufgestiegen. So zum Beispiel 1621 in Straßburg im Elsass oder 1623 in Altdorf bei Nürnberg. Anderswo dienten sie als Universitätsersatz, etwa wenn die Landesherren oder die städtischen Magistrate keine Universitäten haben wollten, weil ihnen diese über zu viele Freiheitsrechte (eigene Gerichtsbarkeit!) verfügten, oder auch, weil sie sich aus finanziellen Gründen keine leisten konnten. Die Absolventen dieser anspruchsvollsten unter den höheren Schulen wurden gleich zur Bakkalaureatsprüfung zugelassen, die das Studium in der Artistenfakultät abschloss. Das höhere Schulwesen war also von erheblichen Niveauunterschieden gekennzeichnet – und sollte es noch für lange Zeit bleiben. Es herrschte Heterogenität in jeder Hinsicht: Inhalt und Qualität des Unterrichts, Vorbildung und Bezahlung der Lehrkräfte, Anzahl der Lehrer pro Schule, Schulbesuchsdauer usw.

Lehrstoff der höheren Schule war zunächst bekanntlich das Lesen und Schreiben des Lateins. Beim Latein – und das ist eine unmittelbare Auswirkung humanistischen Denkens gewesen – handelte es sich nicht mehr um das Kirchenlatein des Mittelalters, sondern durch die Aufnahme antiker Autoren und Schriftsteller des italienischen Humanismus um klassisches Latein. Das Sprachenlernen «als eine Gymnastik des selbständigen Urteils», wie es der Schulreformer und Heidelberger Professor Jakob Wimpfeling (1450–1528) ausdrückte, stand nach dem Willen der Humanisten ganz im Mittelpunkt. Im 16. Jahrhundert durfte in den Schulen bei Strafe kein deutsches Wort fallen. Auch in den Unterrichtspausen und auf der Straße hatten sich die Schüler in lateinischer Sprache zu verständigen. Erst im Zeitalter des ausgehenden Barock, in der ersten Hälfte des 18. Jahrhunderts, als dann auch an den Universitäten Vorlesungen in deutscher Sprache gehalten wurden und somit die Bedeutung des Lateinischen als ausschließlicher Wissenschaftssprache abnahm, sowie im Nachvollzug einer von Frankreich ausgehenden Reformbewegung (Schule von Port Royal), eroberte sich die Muttersprache einen größeren und vor allem grundlegenden Anteil an der Lehre der höheren Schulen. Jetzt mussten die Schüler erst im Deutschen das Lesen und Schreiben beherrschen, bevor sie zum Latein übergehen durften, wobei sie die Kulturtechniken in der Muttersprache so lange an einer städtischen Elementarschule erlernten, wie die höheren Schulen noch über keine eigenen Vorschulen verfügten, in denen dies erledigt wurde. Diese Art von Vorschulen, im 17. Jahrhundert mehr und mehr die Norm, ist übrigens bis ins 20. Jahrhundert hinein erhalten geblieben!

Andere Inhalte wurden dagegen lange eher möglichst ferngehalten – abgesehen vom Religionsunterricht, dessen Einführung Luther mit großem Nachdruck gefordert und für den er eigens einen Katechismus geschrieben hat. Der Religionsunterricht ist gewissermaßen ein Kind der Reformation – und zwar auch in den papsttreu gebliebenen Ländern. Zu nennen sind darüber hinaus noch der für den Kirchengesang wichtige Musikunterricht sowie etwas Mathematik und Geschichte, wobei dies im letzteren Falle nur bedeutete, dass man im Lateinunterricht anstelle eines Dichters einen Historiker las. Das Lehrprogramm der Lateinschulen endete hier und wurde erst im Laufe des 17. Jahrhunderts nach und nach erweitert.

In den Gymnasien kamen von Anfang an das Griechische und sogar das Hebräische als Unterrichtsfächer hinzu, woran sich die religiöse Prägung des deutschen Humanismus erkennen lässt. Der Erwerb dieser Sprachen galt nämlich als notwendige Vorbereitung auf die sehr ausführlich betriebene Bibellektüre im Rahmen der theologischen Grundbildung, wie sie auf diesen Schulen vermittelt wurde. Auch die Fächer des alten Triviums wurden ausführlich behandelt, an den *gymnasia illustria* zudem noch die quadrivialen oder Realienfächer, letztere allerdings zugunsten eines nochmals vertieften Sprachstudiums anfangs nur in sehr reduzierter Form, häufig nicht mehr als ein wenig Erdmessung, Natur- und Sternenkunde. Angesichts der äußeren Umstände – befand man sich doch im Zeitalter der Entdeckungen – ist das ein durchaus überraschender Befund. Weitere Fächer, wie zum Beispiel die in einigen wenigen nachreformatorischen Schulordnungen genannten Fächer Ökonomie, Ackerbau und Architektur, blieben die Ausnahme. Die ganze Breite der Realienfächer (Botanik, Zoologie, Physik, Chemie, Geometrie, Geographie usw.) war Sache der Universität, deren Lehrangebot das aus dem Mittelalter herrührende Spektrum im 17. Jahrhundert zügig hinter sich zu lassen begann. Dagegen sollte die Bevorzugung des antiken Bildungsgutes und der alten Sprachen, genauer: die Unterordnung der Realia unter die verbalen Studien, und damit eine Bildung, die sich abseits der Bedürfnisse des täglichen Lebens bewegte, bis ins 19. Jahrhundert hinein typisch für die Gymnasien bleiben, wenn sich auch im 17. Jahrhundert da und dort die Realien allmählich größeren Einfluss verschaffen konnten. Dafür entdeckte die humanistisch inspirierte protestantische Gelehrtenschule die Leibesübungen;

mit dem Altertum ist auch dessen Gymnastik zu neuer Wertschätzung gekommen.

Die Abwertung der Realia im höheren Schulwesen war übrigens keineswegs auf die protestantische höhere Schule in den deutschen Ländern beschränkt, sondern konfessionsunabhängig ein durchaus gemeineuropäisches Phänomen. Die Lehre der Realia fand, wenn überhaupt, in berufsbezogenen Bildungseinrichtungen statt. In den westeuropäischen Ländern gab es zu diesem Zweck ab dem 17. Jahrhundert ein weit verzweigtes Fachschulwesen, in Deutschland entstanden die Ritterakademien, die zu Stätten gleichermaßen aristokratischer wie realistischer Bildung wurden. An den Ritterakademien wurden jene meist adeligen Fachleute ausgebildet, derer die frühabsolutistischen Staatsverwaltungen auf den verschiedensten Gebieten wie Rechtspflege, Bau-, Finanz- und Heereswesen bedurften. Hier wurden Fächer gelehrt, die auf die alten, ebenfalls schon in der Antike bekannten, so genannten handwerklichen Künste (*artes mechanicae*) zurückgingen, Fächer wie Optik und Mechanik, Kriegswesen, Handel und Gartenbau, aber auch Recht, Geschichte, moderne Fremdsprachen und Geographie. In dem Maße freilich, wie einerseits die Gymnasien sich realen Inhalten öffneten und – vor allem – andererseits die genannten Fächer auch an den Universitäten angeboten wurden, starben die Ritterakademien im Laufe des 18. Jahrhunderts wieder aus.

Auch organisatorisch tat sich im höheren Schulwesen einiges. So hat sich um 1600 die Einteilung der Schülerschaft in mehrere aufeinander aufbauende Lerngruppen durchgesetzt, die nach Leistung, aber noch nicht nach Alter homogen waren. Jede dieser Lerngruppen hatte ihren eigenen Lehrer, nicht zwingend einen eigenen Unterrichtsraum, und jeder Lerngruppe waren bestimmte Bücher, die der Reihe nach durchzuarbeiten waren, zugeordnet; fast alle großen Reformatoren haben viel Zeit und Mühe auf das Schreiben von Schulbüchern verwandt. Dennoch waren es im Laufe der Zeit immer weniger die Schulbücher allein, die Ordnung in den Stoff und in die Abfolge seiner Behandlung brachten. Bereits einigen nachreformatorischen Schulordnungen waren regelrechte Stundentafeln beigegeben, die –

meist bezogen auf ein ganzes Jahr – festlegten, zu welcher Tageszeit der Lehrer welche Inhalte zu behandeln hatte, wie sich Lernen, Beten, Singen usw. im Tageslauf – unterrichtet wurde ganztägig – abzuwechseln hatten. Auch die berühmten Gründer und Rektoren der großen Gymnasien der Reformationszeit, z. B. Valentin Trotzendorf (1490–1556) im schlesischen Goldberg, Johannes Sturm (1507–1589) in Straßburg und andere mehr, dazu im 17. Jahrhundert noch heute bekannte Autoren wie der in verschiedenen europäischen Ländern wirkende Johann Amos Comenius (1592–1670) und Wolfgang Ratke (1571–1635), betätigten sich als Ideengeber und Lehrplanverfasser, so dass sich der Gedanke des neuzeitlichen «Curriculum», ein Terminus, der im 17. Jahrhundert in Gebrauch kam, mit seinen Unterrichtsfächern und seiner übersichtlichen Stoffverteilung immer mehr durchzusetzen vermochte; ein erheblicher Zugewinn an innerer Struktur und Planhaftigkeit, den die protestantische höhere Schule in dieser Zeit im Rahmen eines sich herausbildenden allgemeinen Schulwesens gewann. Begleitet wurde das Ganze von einem lebhaften Diskurs über didaktisch-methodische Probleme, über Fragen der Stoffauswahl und der Unterrichtsgestaltung, die den Realverhältnissen allerdings weit vorauseilten und Ideen vom natürlichen, altersangemessenen Lernen, vom Vorrang der Sachen vor den Worten und ähnliches mehr formulierten, mit einer rückständigen, vom Pauken und Prügeln geprägten Schulwirklichkeit aber noch kaum etwas zu tun hatten.

Wer unterrichtete an den höheren Schulen? Durchweg verfügten die Lehrer an den höheren Schulen über ein theologisches Studium, wenn auch nicht unbedingt über einen Abschluss. So lehrten an den Lateinschulen häufig junge Männer, die die Universität aus Gründen der Armut vorzeitig hatten verlassen müssen, wohingegen für die Gymnasien nur Theologen mit Magisterabschluss in Frage kamen. Oftmals wurde das Warten auf eine Pfarrstelle mit einer Lehrtätigkeit an einer höheren Schule überbrückt. Eingestellt und besoldet wurden die Lehrer vom städtischen Rat im Benehmen mit der Kirche. An großen Schulen ließen sich die Magistri von älteren Schülern beim Unterrichten helfen oder beschäftigten auf eigene Rechnung Hilfs- und Unterlehrer.

Wer besuchte eine höhere Schule? Für das Gymnasium gilt, dass seine Absolventen fast durchweg auf die Universität wechselten. Wie schon angedeutet setzte sich mit der Reformation immer mehr das abgeschlossene Theologiestudium als Bedingung zur Übernahme einer Pfarrstelle durch, und auch die Lehrer an den höheren Schulen mussten eine Universität kennengelernt haben. Hinzu kam die wachsende Schar der landesherrlichen Verwaltungsbeamten. Nimmt man Ärzte, Kaufleute, bildungsinteressierte Adelige usw. hinzu, so entstand im 16. und 17. Jahrhundert erstmals eine über den Besuch des Gymnasiums und der Universität sich definierende, wenn auch vorerst noch schmale Schicht weltlicher «Gebildeter», eine gesellschaftliche Elite, in der das Bildungsbürgertum späterer Jahrhunderte in Umrissen schon erkennbar wurde.

Für die Lateinschule hingegen lässt sich die Frage nach ihrer Klientel nicht so einfach beantworten. Einerseits konnte sie den Charakter einer Vorbereitungsanstalt für das Gymnasium oder die Universität tragen, für ein paar Jahre besucht, so lange bis das Lesen und Schreiben des Lateinischen gelernt war. Andererseits ist die Lateinschule eine Bildungseinrichtung auch für die Kinder der kleinen Leute gewesen, die niemals vorhatten zu studieren. Soweit es sich um Jungen handelte, haben diese nicht selten statt der «deutschen Schule» alternativ eine Lateinschule besucht. Oder sie haben kurz eine deutsche Schule besucht, um dann auf eine Lateinschule zu wechseln. Noch attraktiver wurde diese Art der Nutzung der Lateinschule in dem Maße, wie diese sich dem Deutschen gegenüber öffnete und man dort späterhin sogar moderne Fremdsprachen zu lehren begann. Letzteres war allerdings erst am Ende des 17. Jahrhunderts in größerem Umfang der Fall. Ein vielerorts breites Stipendien- und Unterstützungswesen ermöglichte auch den Kindern armer Leute den Besuch einer Lateinschule. Man sieht also, dass das höhere Schulwesen nicht nur in Richtung Universität, sondern auch nach unten hin offen war.

Das niedere Schulwesen im evangelischen Deutschland

Nach dem von der Reformation ausgelösten Niedergang der spätmittelalterlichen Pfarrschulen gab es in den Städten außer den wenig leistungsfähigen Klipp- und Winkelschulen weiterhin die «deutschen» Schulen. Ansonsten lag das niedere Schulwesen zunächst außerhalb der Wahrnehmung der Gelehrtenbewegung der Humanisten. In den ersten Schulordnungen der protestantischen deutschen Länder wurden die niederen Schulen nur am Rande erwähnt und im Übrigen zur Angelegenheit der Gemeinden erklärt. So war es folgerichtig, dass sich Luther mit seinem Aufruf, Schulen – und zwar nicht zuletzt auch «deutsche» Schulen – zu gründen, an die Ratsherren der Städte gewandt hat. Anders als andere Reformatoren war sich Luther der Bedeutung nicht nur der höheren, sondern gerade der niederen Schulen bewusst, wenn es darum ging, die reformatorische Lehre im Volk sicher zu verankern. Hinzu kam, dass die Vorbereitung der Kinder auf ihre zukünftige Rolle in der Gesellschaft, das sich Bewähren in Arbeit und Beruf, in der reformatorischen Vorstellung eine besondere Rolle spielte – denken wir nur an die in dieser Hinsucht besonders konsequenten Anhänger des Genfer Reformators Johann Calvin (1509–1564). In der Folge hat denn auch nicht nur die höhere, sondern auch die niedere Schule in den protestantischen Ländern von der Reorganisation des Schulwesens profitiert und zumindest in den Städten einen beachtlichen Aufschwung genommen.

Was wurde gelehrt? Zu einem ganz wichtigen Fach wurde erstmals der Religionsunterricht, den es bislang an den «deutschen» Schulen nicht gegeben hatte. Im schulischen Religionsunterricht sollte der Schulmeister der sonntäglichen Katechisation des Pfarrers vor- und zuarbeiten. Auf diesem Wege erlangte die Kirche Einfluss auf die weltlichen niederen Schulen, über den die alte Kirche vor der Reformation nicht verfügt hatte – sieht man von der durch den Ortspfarrer ausgeübten Schulaufsicht einmal ab. Hinzu kam noch der Kirchengesang, der auch im 16. und 17. Jahrhundert wichtiger Bestandteil der Unterweisung in den niederen Schulen blieb. Hauptaufgabe der «deutschen Schulen» war aber nach wie vor die Vermittlung des Lesens und Schreibens in der Muttersprache sowie das Rechnen. Die Lehre dieser Fertigkeiten gewann im Zuge des ökonomischen Aufstiegs der Städte weiter an Bedeutung. Wie schon im Spätmittelalter dominierten dabei die berufspraktischen Aspekte. Das Schreiben wurde gelehrt, indem der Lehrer Geschäftsbriefe verfassen ließ, das Schönschreiben sollte angehende Urkundenschreiber auf ihre Tätigkeit vorbereiten und das Rechnen den künftigen Handwerker befähigen, Rechnungen auszustellen. Da bereits Mitte des 16. Jahrhunderts mehr als ein Drittel der gedruckten Bücher solche in deutscher Sprache waren und deren Zahl weiter kräftig wuchs, wurde die muttersprachliche Lesefähigkeit immer interessanter. Erst im 17. Jahrhundert, als das vom Dreißigjährigen Krieg schwer mitgenommene niedere Schulwesen wieder aufzubauen und dabei auch in Maßen zu modernisieren war, kamen über diesen Grundbestand hinaus weitere Fächer hinzu. Der auch in anderer Hinsicht fortschrittlichen, oben bereits genannten Gothaischen Schulordnung von 1642 beispielsweise ist zu entnehmen, dass in den dortigen Schulen auch etwas Botanik, Tier- und Gesteinskunde sowie Geschichte getrieben werden sollte.

Schulbücher kamen im Unterricht so gut wie nicht vor. Im Allgemeinen galten Gesangbuch und Katechismus als die einzigen Bücher, die in der niederen Schule anzutreffen waren; daneben noch die verdeutschte Bibel, meist jedoch nur ein schmales Büchlein, das eine Sammlung biblischer Sprüche enthielt. Ebenso konnte von einer Unterrichtsmethode nicht die Rede sein. Disziplinhalten durch den Gebrauch der Rute oder mittels Schimpfen und Drohen, das war es, was das Handeln des Lehrers bestimmte. Darin unterschieden sich die niederen Schulen kaum von den Lateinschulen. Vielfach bekam der wenig angesehene und in der städtischen Sozialordnung ziemlich weit unten angesiedelte Schulmeister zur Amtseinführung feierlich eine Rute als Insignie seines neuen Amtes überreicht.

Trotz des häufig maroden Unterrichts lässt sich, auch wenn die Quellen oftmals nicht sehr aussagekräftig sind, für die Jahrzehnte vor Beginn der Reformation und für die deutschen Län-

der eine Quote von etwa zehn bis dreißig Prozent der städtischen
Bevölkerung feststellen, die lesen und schreiben gekonnt haben
sollen – was allerdings nicht unbedingt mit dem Schulbesuch
identisch sein muss, denn man konnte ja, wie ausgeführt, auch
im privaten Rahmen die elementaren Kulturtechniken erlernen,
so wie man eine Schule besucht haben konnte, ohne dort das
Lesen und Schreiben erlernt zu haben. Von der Reformation gefördert und von der wachsenden Komplexität der Geschäfte
erzwungen erfuhr die Ausbreitung der Literalität jedoch weitere
Unterstützung. Mitte des 17. Jahrhunderts soll sich die des
Schreibens und Lesens kundige Bevölkerung in den Städten bei
einem guten Drittel stabilisiert haben.

Unter denen, die lasen und schrieben, befanden sich auch
zahlreiche Frauen. Zwar haben die Reformatoren den im niederen Schulwesen vorherrschenden koedukativen Unterricht
abgelehnt, zugleich aber für die Einrichtung von Mädchenschulen geworben. 1524 wünschte sich Luther «die allerbesten Schulen» nicht nur für die Knaben, sondern ausdrücklich auch für
die «Maidlein». Die in einigen der nachreformatorischen Schulordnungen ausgesprochene Schulpflicht bezog sich ausdrücklich
auf Kinder beiderlei Geschlechts, wobei die Mädchen täglich
nur ein oder zwei Stunden, die Jungen dagegen länger und auch
im Rechnen, was man bei den Mädchen für verzichtbar hielt,
unterrichtet werden sollten. Die hessische Schulordnung verlangte sogar auf den Dörfern die Einrichtung von reinen Mädchenschulen. Dort, wo Mädchenschulen eingerichtet wurden,
haben an diesen Schulen auch Frauen, häufig die Lehrersfrau,
unterrichtet, so dass auch die Lehrerin über eine, wenn auch
lange kaum wahrnehmbare berufliche Frühgeschichte verfügt.
Wirklich durchsetzen konnten sich die Forderungen nach Einrichtung von Mädchenschulen aber nicht, und so hat, anders als
im übrigen Europa, die Geschlechtertrennung in Deutschland
im niederen Schulwesen keine große Rolle gespielt.

Ein Problem waren die ländlichen Gebiete. Hier gab es keine
Schulen und keine Schulmeister, die den Pfarrer in seiner religiösen Unterweisungsarbeit hätten unterstützen können. Die erwähnten Kirchen- und Schulordnungen besannen sich deshalb

auf das Modell der mittelalterlichen städtischen Pfarr- und Küsterschule und legten fest, dass es der Küster sein sollte, der neben seinen sonstigen kirchlichen Diensten auch die Jugend in den Inhalten des Katechismus zu unterweisen hatte – sofern sich ein des Lesens und Schreibens kundiger Mann überhaupt fand. Ein weiterer Schritt in Richtung dörfliche Schule wurde mit Einführung der Konfirmation und des Konfirmandenunterrichts getan. Letzterer, den der Pfarrer gewöhnlich vom Beginn der Fastenzeit an erteilte, konnte nur erfolgreich sein, wenn die Kinder das Lesen und Schreiben bereits beherrschten. Erst dann waren sie in der Lage, im Rahmen des auf wenige Wochen begrenzten Konfirmandenunterrichts Bibel und Katechismus zu gebrauchen. Eine Vorbereitung darauf war also nötig. Die Wurzeln der Dorfschule im protestantischen Deutschland liegen genau hier, in der Einrichtung von Vorbereitungskursen auf den Konfirmationsunterricht, die die Vermittlung der elementaren Kulturtechniken zum Gegenstand hatten. In den protestantischen Gebieten fiel jahrhundertelang das Ende des Elementarschulbesuchs mit der Konfirmation zusammen. Damit ist der Küster – der zur Sicherung seines Lebensunterhalts neben dem Unterrichten und den kirchlichen Diensten noch ein Handwerk betrieb, sich als Knecht verdingte oder als Gemeindeviehhirte tätig war – gewissermaßen zum ersten Schulmeister des ländlichen Schulwesens geworden.

Die Anfänge dieses dörflichen Schulwesens darf man sich freilich nur als sehr primitive vorstellen. Unterricht fand häufig in der Wohnung des Schulmeisters statt, einer elenden Behausung, die neben der Familie auch das Vieh des Lehrers beherbergte. Wenn der Lehrer sein Gewerbe nicht überhaupt ambulant betrieb, das heißt mit seinen Schülern von Hof zu Hof zog, um dort gegen freie Kost und Logis jeweils einige Tage zu unterrichten. Ohnehin war das Schulehalten eine reine Winterbeschäftigung, denn die Eltern, die auf den Einsatz der Arbeitskraft ihrer Kinder nicht glaubten verzichten zu können, ließen den Schulbesuch, wenn überhaupt, nur in der weniger arbeitsintensiven Jahreszeit oder am Sonntag zu. Tatsächlich konnte Elementarunterricht an vielen Orten nur unmittelbar im An-

schluss an den sonntäglichen Gottesdienst stattfinden. Derartige
«Sonntagsschulen» vertraten lange Zeit ein nur lückenhaft ausgebautes Elementarschulwesen. Dafür war ihr Besuch strenger
dekretiert als der der Elementarschule und endete häufig erst
mit dem abgeschlossenen 16. oder 18. Lebensjahr.

Die katholische Gegenreformation

Die Reformation bedeutete überall dort, wo sie erfolgreich war,
für die römische Kirche eine herbe Einbuße an Macht und materiellen Ressourcen. Für einige Jahre schien die Kirche gar in
ihrer Weiterexistenz gefährdet, denn viele Pfarrer hatten sich
auf die Seite der Reformation geschlagen. Durch den allgemeinen Niedergang ihres Ansehens und die Schließung der Dom-
und Klosterschulen in den protestantisch gewordenen Gebieten
drohte zudem der Strom junger Leute, die sich dem geistlichen
Beruf widmen wollten, zu versiegen. Auch in den papsttreu gebliebenen oder für Rom wieder zurückgewonnenen Ländern
wurde allgemein geklagt, die Schulen seien «zergangen». Und
wo dies nicht der Fall war, sah man sich aufgrund des Fehlens
eigener zeitgemäßer Lehrmittel gezwungen, die der protestantischen höheren Schulen zu übernehmen. In Bayern und Österreich drangen deshalb für mehrere Jahrzehnte der Luthersche
Katechismus und die Melanchthonsche Grammatik bis in die
kleinsten Lateinschulen vor. Da konnte nur ein entschlossener
Akt des grundlegenden Neuanfangs helfen, die offenbar gewordene Krise zu bewältigen. Dies geschah denn auch in der zweiten Hälfte des 16. Jahrhunderts im Zeichen der so genannten
«Gegenreformation». Geistige Speerspitze dieser Bewegung war
der von dem Spanier Ignacio de Loyola 1534 in Paris gegründete Jesuitenorden, ein Orden, der sich der aktiven aposto-
lischen Arbeit verschrieben hatte und so zum Rückgrat einer im
Geist der alten Kirche erfolgenden Bildungsreform und des höheren Schulwesens in den katholischen Ländern wurde.

Vordringlichste Aufgabe war die Beseitigung des Priesterman-
gels. Erste Adresse diesbezüglicher Bemühungen wären eigentlich die Universitäten gewesen. Diesen Weg zu gehen verbot sich

allerdings aus verschiedenen Gründen: Zum einen wurde von einem einfachen Pfarrer bis dahin kein Theologiestudium erwartet. Was er aus der Dom- oder Klosterschule mitbrachte, hatte bislang den Ansprüchen genügt, die man an ihn stellte. Zum andern hatte die Kirche keinen direkten Zugriff auf die Universitäten, denn diese befanden sich in der Hand der Landesfürsten. Außerdem waren die Universitäten selbst in einem erbarmungswürdigen Zustand. Und tatsächlich finden wir im 16. Jahrhundert nicht nur in den protestantischen Ländern eine ganze Reihe von Universitätsneugründungen. Schließlich aber hätte es wenig Sinn gemacht, die Universitäten zu reformieren, die Vorbereitungsanstalten aber außer Acht zu lassen. Ein 1545 bis 1563 im norditalienischen Trient versammeltes Konzil, das Tridentinum, traf deshalb weitreichende Beschlüsse zur Reform bzw. zum Neuaufbau eines höheren Schulwesens.

Konkret forderte das Konzil die Einrichtung von so genannten Seminarien oder Kollegien, die an die Stelle der alten Dom- und Klosterschulen treten sollten. Nicht primär an der Universität, sondern an diesen neuen Einrichtungen sollte der Priesternachwuchs der römischen Kirche herangebildet werden. Vom heutigen Priesterseminar unterschied sich das Kolleg vor allem darin, dass es die Knaben schon im jungen Alter aufnahm, weil nicht nur die eigentliche Ausbildung fürs geistliche Amt, sondern auch die dafür notwendige schulische Vorbildung dort stattfinden sollte. Wir können also auf Seiten der römischen Kirche eine ganz ähnliche Entwicklung feststellen wie bei den Protestanten: Das Überleben der Konfession sollte durch eine Reform des höheren Schulwesens gesichert werden. Während das protestantische Gymnasium jedoch im Kern die fortentwickelte weltliche Lateinschule war, entstand in den Ländern, die beim alten Glauben geblieben waren, mit dem Kolleg ein Schultyp, der einen viel stärker theologisch geprägten Charakter besaß.

Eingerichtet wurden die Kollegien von den Bischöfen, die auf diese Weise an die Domschultradition anknüpfen wollten, oder sie wurden als Klosterinternate geführt. Gelegentlich engagierten sich auch die Landesherren bzw. die reichsstädtischen Räte und erließen Schulordnungen, mit denen sie das Schulwesen in ihren Zuständigkeitsbereichen zu ordnen versuchten. Allerdings geschah dies seltener als in den protestantischen Ländern, weniger intensiv auch als in manch anderem katholischen Land, wie zum Beispiel in Frankreich, wo im 15. Jahrhundert die königliche Macht die Kirche zumindest als Trägerin von höheren Schulen weitgehend ausschalten konnte. Die erste derartige Schulordnung in einem deutschen Land, das sich nicht der Reformation angeschlossen hatte, kam 1569 im Herzogtum Bayern heraus und bestimmte als Hauptaufgabe der Schule, zu verhindern, dass die «unschuldige Jugend» von «irrigen Meinungen vergiftet» werde – gemeint war damit natürlich die reformatorische Lehre. Während in den Klosterschulen, die die Reformation überdauert hatten, weiterhin die traditionellen Lehrorden der Benediktiner oder der Augustinerchorherren, der Prämonstratenser oder der Franziskaner unterrichteten, war es der Jesuitenorden, der das Lehrpersonal der neu eingerichteten Kollegien gestellt hat. Und zwar war dies auch dort der Fall, wo die Kirche gar nicht selbst, sondern eine Stadtgemeinde oder der Landesherr als Schulträger fungierten. Die pädagogische Arbeit an diesen katholischen höheren Schulen, die, ähnlich wie früher schon die Klosterschulen, auch solche jungen Leute zuließen, die nicht Priester werden wollten, wurde durch die jesuitische *ratio studiorum* von 1599 geregelt. In der *ratio* waren unter anderem festgelegt: die Aufnahmebedingungen; die Anzahl der Klassen (sechs), die in der «niederen Abteilung» zu durchlaufen waren, bevor in der «höheren Abteilung» die theologischen Fachstudien aufgenommen werden konnten; der Lehrstoff jeder einzelnen dieser Klassen; die Lehrbücher, die zu verwenden waren; die Bedingungen, die zur Versetzung in eine höhere Klasse zu erfüllen waren; das Prüfungswesen einschließlich der Zeugnisse; die unterrichtsfreien Tage und Ferien; die Schulstrafen. Wir haben in Gestalt der *ratio* zum ersten Mal in schriftlicher Form die Gliederung der Schule in Jahrgangsklassen vor uns. Zum ersten Mal wird das Aufrücken in die nächsthöhere Klasse vom Bestehen einer Prüfung abhängig gemacht; wer nicht besteht, muss repetieren. Die Unterrichtsmethode ist verbindlich vorgegeben usw. In der Ausführlichkeit und Genauigkeit ging die *ratio*, die

für rund zweihundert Jahre den Lehrbetrieb an den von den Jesuiten geführten Kollegien weltweit (!) festschrieb, deutlich über
die protestantischen Schulordnungen und Lehrpläne hinaus.
Die *ratio* lässt erkennen, was eine moderne Schule ausmacht.
Durch ein engmaschiges Netz von Regeln und Vorschriften wird
das Schulehalten von der persönlichen Qualität der Lehrkräfte
ein Stück weit abgekoppelt. Damit nahmen die katholischen
höheren Schulen eine Entwicklung vorweg, die nach und nach
das Schulwesen insgesamt erfassen sollte: Formalisierung, Homogenisierung, Bürokratisierung und Professionalisierung, das
waren die Leitlinien künftiger Schulentwicklung.

Wie die protestantischen *gymnasia illustra* stellten auch die
Kollegien eine Verbindung zur Universität her, gemäß ihrem
Auftrag allerdings ausschließlich zur Theologie. Mit dieser Einschränkung jedoch konnten gute Kollegien jederzeit mit dem
universitären Theologiestudium konkurrieren. Aus manchen
dieser Kollegien sind denn auch bald schon Universitäten her-
vorgegangen – so, um zwei Beispiele aus Süddeutschland zu
nennen, 1554 in Dillingen an der Donau und 1582 in Würz-
burg. Das Lehrprogramm dieser Universitäten umfasste allerdings nur zwei Fakultäten, als Nachfolgerin der Artistenfakultät die philosophische sowie die theologische Fakultät.

Obwohl durch sie wie im ganzen katholischen Europa auch
im katholischen Deutschland ein gut funktionierendes und lange auch im Sinne einer Elitenbildung sehr leistungsfähiges hö-
heres Schulwesen etabliert wurde, trugen die Kollegien den
Keim ihres Niedergangs schon in sich. Die Realienfächer qua-
drivialer Herkunft spielten nämlich an den Kollegien, die unter
Hinzunahme von ein wenig Griechisch in humanistischer Weise
ganz aufs Latein sowie aristotelische Philosophie und praktische
Theologie fokussierten, eine noch bescheidenere Rolle als an
den protestantischen höheren Schulen. Erst ab der Mitte des
18. Jahrhunderts, im Zeitalter der Aufklärung und damit später
als im Gymnasialwesen des protestantischen Deutschland, verlor diese einseitige Ausrichtung zögerlich an Kraft und gewannen die Realienfächer etwas mehr an Gewicht. Da war es freilich schon zu spät, um das Ende der Kollegien noch abzuweh-

ren. Mit der Auflösung des Jesuitenordens 1773 durch Papst
Clemens XIV. erloschen auch die wegen der Fixierung aufs
Priesteramt anachronistisch gewordenen Jesuitenkollegien in
ihrer das katholische höhere Schulwesen beherrschenden Gestalt. Vereinzelte Neugründungen in den Jahren und Jahrzehnten nach der Wiederherstellung des Ordens durch Pius VII.
im Jahre 1814 ändern nichts an diesem Befund.

Was die Jesuiten für die höhere Schule waren, das waren – in
allerdings deutlich reduzierter Form – für die Mädchenbildung
die weiblichen Lehrorden, zum Beispiel die von Italien her sich
in allen katholischen Ländern Europas verbreitenden Ursulinen,
aus Frankreich kommend die Salesianerinnen, von den spa-
nischen Niederlanden aus nach Deutschland einwandernd die
(weil von einer Engländerin gegründet) Englischen Fräulein, die
Elementarschulen, vor allem aber höhere Schulen einrichteten
und für diese teilweise – mit gewissen geschlechtsspezifischen
Modifikationen selbstverständlich – die jesuitische *ratio studiorum* übernahmen. Während die höhere Mädchenbildung in
den protestantischen Gebieten für lange Zeit verfiel, erfuhr sie in
den katholischen Ländern aufgrund des Wirkens der genannten
Orden, deren Interesse nicht zuletzt in der Gewinnung qualifi-
zierten Nachwuchses für die eigene Gemeinschaft bestand, eine
überraschende Wiederbelebung. Anders stand es um die niedere
Schule in den katholischen Ländern, die sich dort meist auf
die sonntägliche Unterweisung durch den Pfarrer beschränkte.
Allein der von einem Spanier in Italien gegründete Orden der
Piaristen und die Schulbrüder des in Frankreich sehr aktiven
Jean-Baptiste de La Salle (1651–1719) sorgten auch in Deutschland dafür, dass das niedere Schulwesen in den katholischen
Ländern nicht völlig verfiel. Im Großen und Ganzen aber hat die
alte Pfarr- und Küsterschule von den nach- und gegenreformato-
rischen Bemühungen, wie sie zur Entstehung der Kollegien geführt haben, kaum profitiert, und so blieb das niedere Schulwesen in den katholischen Ländern Deutschlands bis ins 18. Jahrhundert hinein im Vergleich mit den protestantischen Ländern
deutlich unterentwickelt. Äußeres Zeichen dafür ist die verzö-
gerte Einführung der Schulpflicht. Während einzelne protestan-

tische Länder eine Schulpflicht, wie oben ausgeführt, bereits im 16. Jahrhundert, alle anderen spätestens im 17. Jahrhundert kannten – übrigens auch außerhalb des Deutschen Reiches, so die reformierte Schweiz oder in Skandinavien –, ließen sich das katholische Österreich damit bis 1774, Bayern bis 1802 und die ebenfalls katholischen Länder Italien und Frankreich sogar bis 1877 und 1882 Zeit. Auch auf der Ebene des niederen Schulwesens ist also die Herausbildung klar voneinander geschiedener Bildungsräume entlang der Konfessionsgrenze ab dem 16. Jahrhundert gut erkennbar.

4. Moderne:
Aufklärung und 19. Jahrhundert

Das 18. und das 19. Jahrhundert war eine Zeit des geistigen, ökonomischen und politischen Wandels. Eine neue Art des Denkens, die frei von Vorurteilen und nur der Vernunft verpflichtet sein wollte, und eine neue Art des Wirtschaftens und Produzierens brachen sich Bahn. Aufklärung, Kapitalismus und Industrialisierung veränderten auch die gesellschaftlichen Verhältnisse. In den Staaten Europas stellte das aufstrebende Bürgertum die Vorherrschaft des Adels in Frage und beanspruchte, selbst eine führende Rolle in der Gesellschaft zu spielen. Geschicktes Taktieren, Zugeständnisse und eine gemäßigt offensive Reformpolitik der regierenden Fürsten, dazu die äußere Bedrohung durch das postrevolutionäre Frankreich (Napoleon!) und sein dezentraler Aufbau verhinderten in Deutschland einen blutigen Umsturz wie den 1789 jenseits des Rheins. Vielmehr verlief innerhalb der Grenzen des 1806 untergegangenen Heiligen Römischen Reiches Deutscher Nation die Transformation der absoluten Monarchie des 18. Jahrhunderts in den Verfassungsstaat moderner Prägung, wenn auch unter Hinnahme mancher Rückschläge, Um- und Irrwege, eines gescheiterten Revolutionsversuchs 1848 usw. in ruhigeren Bahnen. Zeiten der revolutionären Unruhe wechselten mit solchen gegenrevolutionärer Restauration. Mit der 1871 erfolgten Gründung des Deutschen Reiches hatten auch die deutschen Länder unter Führung Preußens zum nationalstaatlichen Zusammenschluss gefunden. In Europa ist das 19. Jahrhundert das Zeitalter der Nationalstaaten gewesen, deren widerstreitende Interessen im Ersten Weltkrieg blutig aufeinander trafen.

Das Leitbild der Moderne, der aufgeklärte, zum mündigen Handeln berufene Mensch, wurde im 18. Jahrhundert in ganz Europa auch zu einem Leitbegriff der Pädagogik. Nicht länger mehr kirchlichen Dogmen sich zu unterwerfen, sondern der Gebrauch der eigenen Verstandeskräfte sollte Ziel aller Erziehung sein. Im Kampf gegen wirtschaftliche Rückständigkeit, Dumpfheit und Aberglauben hatten die bürgerlich-intellektuellen Träger der Aufklärungsbewegung Erziehung und Schule eine zentrale Rolle zugedacht. So wurde das Zeitalter der Aufklärung zu einem Zeitalter großer Hoffnungen in die verändernde Kraft der Erziehung und des pädagogischen Experimentierens. Eine nie dagewesene Fülle an Vorschlägen zur Errichtung eines modernen Schulwesens und zur Einführung zeitgemäßer Unterrichtsmethoden wurde publiziert. Die in zahlreichen Reformschulen erprobten Modelle sind bis heute anregend geblieben, auch wenn sie meist nur von kurzer Dauer gewesen sind. Am Ende des hier verhandelten Zeitraums, an der Wende zum 20. Jahrhundert, stand in Deutschland allerdings nicht die Verwirklichung einer pädagogischen Utopie, sondern als Spiegel der Gesellschaftsverfassung jener Zeit das gegliederte Schulwesen, so wie wir es bis heute kennen.

Das Elementarschulwesen

Zwar gab es schon länger obrigkeitlich verordnet die Schulbesuchspflicht, und zudem waren seit dem 16. Jahrhundert fast überall Schulordnungen in Kraft gesetzt worden, die das Schulwesen regelten. Gleichwohl war das Interesse der Landesherren an der Schule bis ins 18. Jahrhundert hinein eher verhalten und galt zudem in erster Linie der höheren Schule. Im Verlauf des 18. Jahrhunderts lassen sich nun aber im Zuge der angesprochenen staatlichen Reformpolitik in allen deutschen Ländern Aktivitäten bemerken, die auf das gesamte Schulwesen zielten und dabei auch die niederen Schulen nicht länger aussparten. Besonderer Nachholbedarf bestand diesbezüglich in den beiden größten und wichtigsten deutschen Einzelstaaten, in Österreich und Preußen. Im Königreich Preußen wurde erst 1717 die Schulpflicht eingeführt (allerdings mit der bezeichnenden Einschränkung: «Wo Schulen sind.»), 1763 wurden im so genannten Generallandschulreglement die Inhalte und die tägliche Dauer des Elementarunterrichts festgelegt und – vorläufiger Höhepunkt dieser Entwicklung – 1794 wurde im Allgemeinen Landrecht knapp und unmissverständlich bestimmt: «Schulen und Universitäten sind Veranstaltungen des Staates.»

Auch in den katholischen Ländern gerieten das Schulwesen im Allgemeinen und insbesondere das dort sehr vernachlässigte niedere Schulwesen in Bewegung. Schulen wurden auf behördliche Anregung hin gegründet und wo dies noch nicht geschehen war, wurden Schulordnungen publiziert oder bestehende revidiert. Mit der Ausarbeitung einer solchen mustergültigen Schulordnung war von der Kaiserin Maria-Theresia persönlich 1774 der schlesische Augustiner-Abt Johann Ignatz von Felbiger (1724–1788) beauftragt worden, der damit zum eigentlichen Begründer des katholischen niederen Schulwesens in Deutschland geworden ist. Ähnlich wie man das staatliche Handeln in Preußen als einen Akt der nachholenden Modernisierung bezeichnen kann, entwarf Felbiger eine zunächst nur für die habsburgischen Lande, später auch für die katholischen Teile Preußens und die zahlreichen geistlichen Fürstentümer Süddeutschlands maßgebliche Ordnung und darin ein hierarchisch gestuftes System vom Gymnasium bis hinunter zur Dorfschule, wie wir es in den protestantischen Ländern bereits aus der Nachreformationszeit kennen. Praktisch verbreitet wurden Felbigers Reformideen, die sich auch auf die Methoden des Unterrichtens bezogen, durch die Einrichtung von Modellschulen sowie mittels zahlreicher Bücher aus der Feder Felbigers.

Ablesbar ist der wachsende Staatseinfluss auch an der Entstehung einer staatlichen Schulverwaltung und Schulaufsicht, die langfristig die Kirche aus dieser Funktion verdrängen und damit eine bis ins Mittelalter zurückreichende Tradition beenden sollte. Braunschweig, ein früher Vorläufer dieser Bewegung, hatte bereits 1651 eine staatliche Schulaufsichtsbehörde eingerichtet. Preußen zog 1787 mit dem Oberschulkollegium nach. Die anderen deutschen Länder folgten im 19. Jahrhundert und errichteten ebenfalls eine das gesamte Schulwesen erfassende, mehrfach gestufte Schulverwaltung, die von den neu entstehenden Kultusministerien bis hinunter zur Ortsschulbehörde reichte.

Gleichwohl bedeutete das Eingreifen des Staates zwar eine weitere Einflussminderung, aber noch längst nicht den völligen Rückzug der Kirche aus dem niederen Schulwesen. Schließlich war ein wesentliches Motiv der Bemühungen der preußischen und der österreichischen Behörden gerade um das niedere Schulwesen die Stärkung der religiösen Volksbildung gewesen, mit der man in den politisch und geistig unruhigen Zeiten gesellschaftliche Stabilität zu sichern gedachte. So war nirgendwo beabsichtigt, die Konfessionalität der Elementarschule anzutasten; der Religionsunterricht fand sich in seiner Bedeutung alles andere als gemindert; mit dem Lehramt blieben nach wie vor die kirchlichen Nebentätigkeiten des Messnerns, Orgelspielens und der Chorleitung verbunden; die Schulaufsicht vor Ort wurde während des gesamten 19. Jahrhunderts faktisch noch vom Ortspfarrer wahrgenommen. Allerdings – und das war neu – handelte dieser nicht mehr kraft seines geistlichen Amtes, sondern im Rahmen der entstehenden Schulverwaltung in staatlichem Auftrag, etwa als Mitglied einer örtlichen Schulkommission, der neben dem Pfarrer als Vertreter der aufstrebenden Zivilgesellschaft ausgewählte Bürger und in zunehmendem Maße Schulverwaltungsbeamte angehörten.

Was waren die Gründe für das neu erwachte staatliche Interesse an den niederen Schulen? Warum begann der Staat sich eines ihm *de jure* schon lange zustehenden Rechts aktiver denn je zu bemächtigen? Drei Gründe können hier genannt werden.

Erstens lag das staatliche Engagement in der Logik des spätabsolutistischen Herrschaftsverständnisses, das eine im Monarchen sich zentrierende universale Befugnis zur Regelung des

gesamten gesellschaftlichen und politischen Lebens postulierte.
Hiervon konnte die Schule keine Ausnahme bilden.

Zu den Merkmalen dieser Herrschaft gehörte zweitens eine
aktive, alle Lebensbereiche durchdringende Wirtschaftspolitik,
womit der Wohlstand und damit die Bedeutung des Landes ge-
mehrt werden sollte. Den Lehren des Kameralismus und Mer-
kantilismus zufolge sollten Ausgaben für Volksbildung mensch-
liche Arbeit produktiver machen und so die Volkswirtschaft be-
flügeln. Deshalb die sich überall verstärkenden Anstrengungen,
nicht nur die Schulpflicht einzuführen, sondern sie dort, wo sie
bereits bestand, nunmehr auch durchzusetzen. In der Konse-
quenz bedeutete dies, Schulen zu gründen, damit die Kinder
überhaupt Gelegenheit hatten, ihre Schulpflicht zu erfüllen, und
das Unterrichten professioneller werden zu lassen.

Dabei war, ganz abgesehen von den immer zu knapp bemes-
senen finanziellen Mitteln, noch bis ins 19. Jahrhundert hinein
vielfältiger Widerstand zu überwinden, und zwar nicht nur
der seitens der Eltern, die häufig zu arm waren, das Schulgeld
zu bezahlen. Auch die Gutsherren, die von den Diensten der
Landbevölkerung profitierten, fanden, Bauernkinder bräuchten
nichts zu lernen. Im Zeichen der Frühindustrialisierung wehrten
sich sodann auch die Unternehmer gegen die Beeinträchtigung
der Arbeitskraft der Kinder, die diese in den Bergwerken, Baum-
wollspinnereien usw. zu Markte trugen. Als Kompromiss wurden in diesem Fall vielerorts Fabrikschulen eingerichtet, die ihre
Unterrichtszeiten auf die Arbeitszeiten der Kinder abstimmten.
Nach dem preußischen Kinderschutzgesetz von 1839 war Kinderarbeit ohnehin nur noch unter der Bedingung gestattet, dass
die betroffenen Kinder entweder zuvor einige Jahre die Schule
besucht hatten oder sie dieses neben der Arbeit tun konnten. Angebahnt worden waren die Fabrikschulen durch die schon Ende
des 18. Jahrhunderts in großer Zahl entstandenen so genannten
Industrieschulen (von *industria* = Fleiß), Elementarschulen, die
den Kindern die Gelegenheit gaben, neben ein wenig Unterricht
durch die Erledigung von Auftragsarbeiten wie etwa Wollezup-
fen, Stricken oder Klöppeln zu ihrem Lebensunterhalt beizutragen und sich an Arbeitshaltungen wie Genauigkeit, Pünktlich-

keit usw. zu gewöhnen. Der Staat förderte diese aus privater
oder unternehmerischer Initiative heraus entstandenen Einrichtungen, weil sie seinem Interesse an einer positiven ökonomischen Entwicklung des jeweiligen Landes entgegen kamen.

Schließlich – ein dritter Grund für das staatliche Eingreifen –
hatten bis zum Beginn des 19. Jahrhunderts viele deutsche Länder im Zuge der territorialen Neugliederung nach dem Untergang des alten Reiches große Zugewinne an Land und Menschen zu verzeichnen. Diese neuen Territorien mussten integriert
werden, und es galt, ein Zusammengehörigkeitsgefühl unter der
Bevölkerung zu stiften. In Preußen waren darüber hinaus nach
der Niederlage gegen das napoleonische Frankreich ab 1806
praktisch die gesamte Staatsverwaltung und damit auch das
Bildungswesen neu aufzubauen. In diesem Zusammenhang sind
sogar Pläne entwickelt worden, die im völligen Bruch mit der
Vergangenheit, wohl aber im hochgestimmten Geist der Befrei-
ungskriege, ein horizontal gegliedertes Schulwesen vorsahen.
1819 hat der Ministerialbeamte Johann Wilhelm von Süvern
(1775–1829) vorgeschlagen, alle Kinder sollten zuerst eine «allgemeine Elementarschule» und anschließend eine «allgemeine
Stadtschule» besuchen. Erst danach sollten die einen in ein Gewerbe wechseln, die andern, die studieren wollten, aufs Gymnasium übergehen. So mochte sich im Staatsvolk, hoffte man, ein
gemeinsames nationales Bewusstsein ausformen und Preußen
zu neuer Größe geführt werden.

In der restaurativen Atmosphäre nach 1815 hatten derartig
weitreichende Pläne freilich keine Chance. Stattdessen verfestigte
sich im 19. Jahrhundert in Deutschland endgültig das vertikal gegliederte Schulwesen, das die gesellschaftliche Schichtung nicht
nur abbilde, sondern sie noch verstärke und damit den Klassen-
charakter der Gesellschaft zementiere, wie Kritiker bereits in den
politisch unruhigen Jahren des Vormärz monierten. Wobei anzu-
merken ist, dass auch andere europäische Länder im 19. Jahrhundert diese Art der Dreigliedrigkeit des Schulwesens kannten,
Deutschland insofern damals keine Ausnahme darstellte.

Die Schulbesuchspflicht immerhin konnte in Deutschland
schneller als anderswo durchgesetzt und die Schulbesuchsdauer

entschiedener verlängert werden. Mitbedingt durch die Einführung des oben erwähnten Kinderschutzes sowie durch den Rückgang der Kinderarbeit als Folge der technischen Entwicklung besuchten Mitte des 19. Jahrhunderts, wenn auch mit regionalen Unterschieden, in Deutschland im Durchschnitt mehr als achtzig Prozent aller Kinder eines Altersjahrgangs wenigstens die Elementarschule, für die sich inzwischen der Name «Volksschule» eingebürgert hatte. Im internationalen Vergleich war das ein hoher Wert. In der zweiten Jahrhunderthälfte befand man sich deshalb auf dem besten Wege, den Analphabetismus zu besiegen. In den 1890er Jahren sank die Rate derer, die nicht lesen und schreiben konnten, auf unter zehn Prozent der erwachsenen Bevölkerung, wohingegen ein Land wie Frankreich noch mit drei Mal mehr Lese- und Schreibunkundigen zu kämpfen hatte. Die Schulbesuchsdauer hatte sich in Deutschland bei fünf bis sechs Jahren eingependelt; bis 1918 erhöhte sie sich auf acht Jahre. Wo sie noch nicht vorhanden waren, wurden im 19. Jahrhundert durchweg eigene Schulhäuser gebaut.

Von der gestiegenen Aufmerksamkeit, die man ihr entgegen brachte, profitierte die Elementarschule in Deutschland auch in pädagogischer Hinsicht. Zwar blieben die Lehrpläne auch im 19. Jahrhundert lange noch dürftig an Inhalten. Die Realienfächer taten sich nach wie vor schwer, und der Religionsunterricht dominierte die Stundentafel. Der schon angesprochenen restaurativen Tendenz der Zeit entsprechend erließ 1854 der preußische Kultusminister Regulative, in denen er als Lernziele der Volksschule – in dieser Reihenfolge! – kirchliche Gläubigkeit, Liebe zum Herrscherhaus und einige wenige praktische Kenntnisse bestimmte. Die Jahre nach dem fehlgeschlagenen Revolutionsversuch von 1848, bei dem sich gerade die Volksschullehrer vielfach auf die Seite des fortschrittlichen Bürgertums geschlagen und deshalb das zeitweise Verbot ihrer Standesorganisationen hinzunehmen hatten, brachten manchen Rückschlag; die Modernisierungsbewegung geriet ins Stocken: In einigen deutschen Ländern wurde die Schulbesuchsdauer vorübergehend wieder reduziert, die Klassenstärken wurden wieder angehoben, die Inhalte der Lehrerbildung beschränkt

und ähnliches mehr. Erst 1872 setzte die preußische Regierung
die besagten Regulative wieder außer Kraft und beendete damit
eine lange Phase des Schwankens zwischen einer aus aufkläre-
rischem Geiste gewollten Stärkung der Bildungs- und Qualifika-
tionsfunktion der Elementarschule und der stets vorhandenen
Angst, zu viel Bildung könne die Menschen unzufrieden und
aufmüpfig werden lassen.

Auch wenn die Volksschule noch bis ans Ende des Kaiserreichs ihren offen sozialdisziplinierenden Charakter nicht verlor
– man denke nur an die Art und Weise, wie Kaiser Wilhelm II.
die Volksschule in seinem Kampf gegen die Sozialdemokratie zu
instrumtalisieren suchte –, der Religionsunterricht wurde nun
doch, wenn auch gegen den Widerstand der Kirchen, in seinem
Gewicht deutlich gemindert, und es kamen mit dem Zeichnen,
dem Geschichts-, dem Geographie-, dem Handarbeitsunterricht
der Mädchen, dem Turnunterricht der Knaben und der Natur-
lehre ganz neue Fächer in die Schule. Zudem waren inzwischen
Methoden des Unterrichtens entwickelt worden, die geeignet
schienen, den bisherigen, «Unterricht» genannten Dilettantis-
mus wenigstens ansatzweise abzustellen.

Schon ausgangs des 18. Jahrhunderts hatte bezüglich des Lesens und Schreibens die Suche nach einer wirksamen Methode
begonnen, um das blinde Auswendiglernen und Nachmalen der
Buchstaben, das sich als unwirksam erwiesen hatte, zu vermeiden. Zahlreiche Methoden wurden diskutiert, eine vielfältige
Literatur mit den unterschiedlichsten, teilweise skurilen Vorschlägen wurde publiziert. In der ersten Hälfte des 19. Jahrhunderts kam die mit Hilfslinien versehene Schiefertafel in die Hand
der Kinder, was das Schreibenlernen erleichterte. Der schon erwähnte Schulreformer Felbiger hatte bereits Ende des 18. Jahrhunderts Wandtafel und Kreide eingesetzt und soll unter anderem dadurch Ordnung in das in den Schulstuben vielfach
herrschende wilde Durcheinander gebracht haben, dass er die
Schüler verpflichtete, durch Emporheben der Hand anzuzeigen,
wenn sie etwas zum Unterricht beitragen wollten. Man sieht
also: eine Fülle von Vorschlägen, manches interessante und hilf-
reiche Detail und allgemein ein ernsthaftes Bemühen, ohne dass

schon ein wirklicher Durchbruch zu verzeichnen gewesen wäre. Den brachte erst das 19. Jahrhundert.

Zu dessen Beginn entsandten die Behörden verschiedener deutscher Staaten Junglehrer an die Musteranstalt Johann Heinrich Pestalozzis (1746–1827) in der Schweiz, damit sie nach ihrer Rückkehr in den neu gegründeten Lehrerseminaren die so genannte Elementarmethode als ein Grundprinzip allen Unterrichtens an ihre Schüler weitergeben konnten. Kurz gesagt beruhte diese Methode darauf, das Lernen der Kinder von elementaren Einheiten, wie Zahlen, Formen und Sprachlauten, ausgehen zu lassen, um es Schritt für Schritt zu komplexeren Bildungen, zum Beispiel Wörtern, aufsteigen zu lassen. Immerhin müssen den konservativen Kräften die mit Hilfe dieser Methode erzielten Lernerfolge so gefährlich erschienen sein, dass sie bald schon in verschiedenen deutschen Ländern für eine zeitweise Unterdrückung ihrer Anwendung gesorgt haben. In der zweiten Hälfte des 19. Jahrhunderts wurde dann die Methode der Anhänger des Philosophen und Pädagogen Johann Friedrich Herbart (1776–1841) einflussreich. Die Herbartianer entwickelten sowohl eine Theorie der Stoffauswahl und Lehrplangestaltung wie auch eine eigentliche Lehrmethode, die das Unterrichten in mehrere gut handhabbare Teilschritte zerlegte, und sogar das fächerübergreifende, themenzentrierte Unterrichten lässt sich auf die Herbartianer zurückführen. Zahlreiche ausländische Lehrerstudenten kamen eigens zum Studium der herbartianischen Unterrichtslehre nach Deutschland, und das amerikanische Schulwesen geriet für einige Jahrzehnte ganz in den Einfluss dieser Bewegung. An der Wende zum 20. Jahrhundert war es dann die psychologisch fundierte experimentelle Didaktik, die das Lernen der Schüler in Versuchen und durch Beobachtung zu ergründen und auf diese Weise den Volksschulunterricht zu verbessern suchte. Die unter dem Sammelbegriff «Reformpädagogik» heute noch bekannten Versuche einer freien und das praktische Handeln der Schüler in den Mittelpunkt rückenden Unterrichtsreform sind in ihrer praktischen Wirkung dagegen vor dem Ersten Weltkrieg punktuell geblieben. Zu denken ist hier beispielsweise an den vor allem in München sehr wirkungsvollen Schulrefor-

mer Georg Kerschensteiner (1854–1932) und seinen Arbeits-
unterricht oder auch an die Hamburger «Lehrervereinigung für
die Pflege der künstlerischen Bildung» und deren Bemühen um
eine Reform der musisch-ästhetischen Schulbildung. Darüber
hinaus handelte es sich bei «der Reformpädagogik» um ein Phänomen des angeregten internationalen Diskurses in der pädagogischen Fachwelt. Eine gewisse Breitenwirkung mit Ausstrah-
lung in die Schulpraxis hinein erzielte die Reformpädagogik erst
in den 1920er Jahren.

Schließlich, um das Bild abzurunden, etablierte sich im Laufe
des in diesem Kapitel behandelten Zeitraumes auch in den Volksschulen das Jahrgangsprinzip. Während auf dem Land noch im
20. Jahrhundert die einklassige Volksschule anzutreffen war –
mit den älteren Schülern als Helfern des Lehrers –, hat sich im
Laufe des 19. Jahrhunderts in den Städten in Gestalt der drei-,
in den großen Städten häufig aber auch schon sechsklassigen
Volksschule die Einteilung der Schülerschaft nach Alter durchgesetzt. Die Schülerzahlen pro Klasse blieben allerdings mit
achtzig bis hundert Schülern durchweg sehr hoch und sanken
nur langsam.

Immerhin beteiligte sich der Staat an der Finanzierung des
niederen Schulwesens. Nachdem es bereits Mitte des 18. Jahrhunderts erste bescheidene Zuschüsse gegeben hatte, übernahmen die einzelnen deutschen Länder aus ihren Etats ab Mitte
des 19. Jahrhunderts generell die Kosten für die Lehrerausbildung und die Schulverwaltung sowie teilweise für die Lehrerbe-
soldung, während es den Kommunen, die damit allerdings die
Hauptlast zu tragen hatten, oblag, für den Schulraum und dessen Ausstattung sowie für den Naturalanteil an den Lehrergehäl-
tern aufzukommen. Auch wenn vielfach auf dem Papier schon
seit Mitte des 19. Jahrhunderts für die Volksschule Schulgeld-
freiheit bestand, mussten die Eltern beispielsweise in Preußen
noch bis in die 1880er Jahre hinein ein, wenn auch geringes,
Schulgeld bezahlen. Zudem belasteten die Schulbücher, die jetzt
in fast allen Unterrichtsfächern Verwendung fanden, den Fami-
lienetat. Noch um die Wende zum 20. Jahrhundert betrug in
Deutschland der Staatsanteil an den Kosten des gesamten Schul-

wesens nicht mehr als ein Drittel, wovon das meiste Geld in das höhere Schulwesen floss. Eine solche Aufteilung war auch anderswo in Europa üblich.

Ein Wort zur Sonntagsschule als einer Sonderform der Elementarschule. Auf dem Land ist bis zur flächenhaften Verbreitung der Elementarschule, wenn überhaupt, häufig nur sonntags nach dem Gottesdienst unterrichtet worden. Deshalb waren die Inhalte der bereits im 17. Jahrhundert nachweisbaren Sonntagsschule primär religiöser Art, und nur nebenher bezogen sie sich auf den Lehrstoff der Elementarschule, die sie, wie gesagt, häufig ersetzte. Die Sonntagsschulpflicht erstreckte sich auch auf das fortgeschrittene Jugendalter, war es doch ein nicht unwesentlicher Zweck der Sonntagsschule, das Bedürfnis nach Kontrolle der jugendlichen Heranwachsenden zu befriedigen. Aus eben diesem Grund wurden im Zuge der Industrialisierung in den Städten ebenfalls Sonntagsschulen eingerichtet, die nun allerdings weniger die Vermittlung bzw. die Repetition des Elementarschulstoffes oder die religiöse Unterweisung zum Gegenstand hatten, denn die Städte verfügten längst über ein ausgebautes Elementarschulwesen. Vielmehr waren diese Schulen ihrem Typus nach eher Gewerbeschulen, die der Ausbildung der Lehrlinge in technischen Fächern, im Zeichen und Modellieren usw. dienten, und die deshalb auch nicht in Verbindung mit der Kirche standen, sondern von Gewerbevereinen, Handwerkerinnungen und ähnlichem getragen wurden. Im letzten Drittel des 19. Jahrhunderts entwickelte sich daraus das für Deutschland typische duale System aus Teilzeitschule und betrieblicher Ausbildung. Der Fortbildungsschulbesuch erfolgte jetzt auch nicht mehr am Sonntag nach dem Kirchgang, sondern werktagabends oder – immer häufiger – an einem Wochentag. Der Unterricht wurde von Volksschullehrern oder durch Lehrer höherer Schulen jeweils im Nebenamt erteilt. In den berufskundlichen Fächern wurden Handwerksmeister oder Techniker eingesetzt. Eine Fortbildungsschulpflicht für Jungarbeiter und für weibliche Lehrlinge gab es zunächst nicht; für letztere wurde sie 1911 im Rahmen der neu gestalteten Reichsgewerbeordnung eingeführt.

Alle diese geschilderten Entwicklungen und unbezweifelbaren Fortschritte, die ursprünglich von aufgeklärten Landesherren angestoßen und später von liberal eingestellten Verwaltungsbeamten im Verein mit fortschrittlichen Kirchenleuten und Vertretern der Volksschullehrerschaft gegen zahlreiche Widerstände durchgesetzt worden waren, ließen allmählich auch die Elementarschule Anschluss an die Moderne finden. Ohne die Einrichtung von Lehrerseminaren und damit die auch förmliche Qualifizierung der Lehrer wäre dies alles jedoch nicht möglich gewesen. Zwar gab es in den wohlhabenderen Städten schon lange den fest angestellten, halbwegs ordentlich bezahlten und als Absolventen eines Gymnasiums durchaus gebildeten Schulmeister. Die Regel war das aber nicht. Insbesondere nicht auf dem Land. Wenn dort überhaupt Schulen vorhanden waren, dann war hier die Lage eine ganz andere. Bestenfalls war es so, dass begabte Schüler nach Beendigung der Schulbesuchspflicht beim Schulmeister blieben, um von diesem und dem Ortspfarrer nach Art einer Handwerkslehre ins Schulehalten eingeführt zu werden. Anschließend zogen diese Junglehrer wie die Handwerksgesellen von Dorf zu Dorf und von Schule zu Schule, um sich weiter in ihren bescheidenen Künsten zu üben und wenn möglich irgendwo eine Dauerstelle zu ergattern. Häufig aber verfügten die Lehrer über keinerlei spezifische Ausbildung, übten im Hauptberuf ein Handwerk aus, waren kriegsinvalide Soldaten, höhere Schüler, welche ihre Ausbildung abgebrochen hatten, usw. Die Hungerlöhne, die (zudem nur im Winterhalbjahr, wenn Schule stattfand) gezahlt wurden, und das geringe, meist in Naturalien abgelieferte Schulgeld der Eltern boten freilich auch keinen Anreiz, sich zu qualifizieren, sondern machten es vielmehr zwingend erforderlich, dass der Schulmeister nebenher einen Acker bestellte, sich zur Erntezeit als Knecht verdingte oder ähnliches mehr. In manchen deutschen Gegenden mussten die Lehrer noch am Ende des 18. Jahrhunderts Frondienste leisten.

Das alles sollte nun anders werden. Bereits das preußische Generallandschulreglement (1763) hatte vorgesehen, grundsätzlich nur solche Leute zu verwenden, «welche in dem kurmärkischen Küster- und Schulseminario zu Berlin eine zeitlang

gewesen und darinnen ... die eingeführte Methode des Schul-
haltens gefasst haben». Zu diesem Zeitpunkt arbeiteten in Preußen und in anderen deutschen Ländern bereits einige derartige
Ausbildungsstätten, weitere wurden gerade gegründet. Allerdings handelte es sich zunächst noch nicht um selbständige Ins-
titute, sondern zum Beispiel um Anhängsel von höheren Schulen. Fanden sich an einem Gymnasium oder auch einem Kolleg
einige Schüler, die nicht die Absicht hatten zu studieren, so ließ
man sie neben dem regulären Unterricht noch einige Stunden in
Pädagogik, Katechetik, Musik und praktischen Fächern wie
Landwirtschaft usw. besuchen. Manchmal wurde eine Armen-
schule angegliedert, um den Nachwuchslehrern Gelegenheit zu
geben, ihre Künste in der Praxis zu erproben. Auch die Muster-
schulen, die Felbiger in den katholischen Ländern hatte einrich-
ten lassen, dienten durch die praktische Anschauung, die sie
vermittelten, der Lehrerbildung.

Die ab dem ersten Jahrzehnt des 19. Jahrhunderts gegründeten Seminare waren dagegen völlig eigenständige Einrichtungen,
an denen Absolventen der Volksschule in einem zwei-, später
dreijährigen Ausbildungsgang auf den Lehrberuf vorbereitet
wurden. Vorgeschaltet war die so genannte Präparandenanstalt,
die, eng verzahnt mit der Volksschule, die Aufgabe hatte, auf
den Seminarbesuch vorzubereiten. Nach Bestehen der Seminar-
abschlussprüfung folgte dann ein Probejahr als Hilfslehrer, erst
dann kam die Festanstellung. Mehr und mehr wurde das Bestehen der Abschlussprüfung zur Voraussetzung bei der Stellenver-
gabe. Bereits Mitte des 19. Jahrhunderts hatte sich ein dichtes
Netz von in der Regel internatsmäßig angelegten und, der Verfassung des Volksschulwesens entsprechend, konfessionellen
Lehrerseminaren über Deutschland ausgebreitet, das bis zur
Jahrhundertwende noch einmal deutlich enger geknüpft wurde.
Darunter befanden sich auch schon die ersten Lehrerinnensemi-
nare, die den langsam wachsenden Bedarf an weiblichen Lehrkräften befriedigen sollten. Um die Wende zum 20. Jahrhundert
hatten praktisch alle Lehrkräfte ein Seminar absolviert, womit
Deutschland auch auf dem Wege der Professionalisierung und
der Ausbildung für den Lehrberuf den anderen europäischen

Ländern, aber ebenso den USA, weit voraus und diesen zum nachgeahmten Vorbild geworden war.

Hand in Hand mit der wachsenden pädagogischen Qualität ihrer Tätigkeit verbesserte sich auch die soziale Lage der Elementarschullehrer, die sich zur Vertretung ihrer Interessen bereits ab den 1820er Jahren in eigenen Lehrervereinen organisierten. Viele der Forderungen, die diese Standesorganisationen erhoben, wurden auch tatsächlich im Laufe des Jahrhunderts erfüllt: Anstelle der Pfarrer oder der Gemeinden begann nunmehr der Staat, die Lehrer einzustellen; solange noch Schulgeld zu entrichten war, wurde es nun von den Gemeinden eingezogen, so dass die Lehrer nicht mehr bei den Eltern ihrer Schüler um dasselbe betteln mussten; in den neu gebauten Schulhäusern gewährte man den Lehrern das freie Wohnrecht. Außerdem stieg das Gehalt. Um die Mitte des Jahrhunderts kann man davon ausgehen, dass auch der Dorfschullehrer vom Schulehalten knapp leben konnte. Und die Lage der Lehrer besserte sich weiter: Vor dem Ersten Weltkrieg erzielte der Volksschullehrer ein Einkommen, das durchschnittlich um das Dreifache über dem eines Industriearbeiters lag. Zu diesem Zeitpunkt besaß der Volksschullehrer in allen deutschen Ländern den Status eines (niederen) Landesbeamten, verfügte über einen Pensionsanspruch und eine Hinterbliebenenversorgung. In gut einem halben Jahrhundert hatten sich somit die von den Lehrervereinen erhobenen Forderungen erfüllt und der Lehrberuf eine beispiellose gesellschaftliche Aufwertung erfahren. Gefördert worden war dieser Aufstieg von dem Umstand, dass der Lehrerberuf, zuvor lange vernachlässigt, im Zuge der forcierten Modernisierung des niederen Schulwesens einen stetig steigenden Bedarf an qualifiziertem Personal zu verzeichnen hatte. Am Vorabend des Ersten Weltkriegs stand allein noch die volle Akademisierung der Lehrerausbildung auf der standespolitischen Agenda des Deutschen Lehrervereins.

Bemüht man sich um ein faires Gesamturteil, dann muss man bei aller im Einzelnen berechtigten Kritik anerkennen: Obwohl auch in anderen europäischen Ländern seit der zweiten Hälfte des 19. Jahrhunderts mitunter erhebliche Anstrengungen zur Verbesserung des Elementarschulwesens unternommen worden

sind, die dort hinsichtlich des Erlasses grundlegender Schulge-
setze, hinsichtlich der Regulierung der Finanzierung, der Schulbesuchsdauer und der didaktischen Reformen zu ähnlichen Lösungen geführt haben wie in Deutschland, präsentierte sich die
deutsche Volksschule am Ende der hier behandelten Epoche in
einem durchaus überlegenen Zustand. Sie war mehr als gut auf-
gestellt – international gesehen war sie führend.

Die höhere Schule

In den protestantischen Territorien Deutschlands hatte die weltliche Macht schon im mittleren 16. Jahrhundert im Zuge des
Reformationsgeschehens begonnen, sich der höheren Schulen
anzunehmen. Dieser Staatseinfluss hat sich im 18. Jahrhundert
nicht nur bezüglich des niederen, sondern auch im Blick auf das
höhere Schulwesen weiter verstärkt und nunmehr auch die katholischen Länder erfasst, die hierin bislang zurückhaltender
gewesen waren und der Kirche den aktiven Part überlassen hatten. In Bayern zum Beispiel wurden nach der Aufhebung des
Jesuitenordens die Kollegien in Lyzeen umbenannt und in staatliche Trägerschaft übernommen, allerdings nach wie vor ausschließlich mit Ordensmännern als Lehrkräften bestückt. Staatliches Handeln war in den katholischen Ländern auch deshalb
besonders vonnöten, weil mit der großen Säkularisation von
1803 viele Klöster und damit Klosterschulen verschwunden waren, die in den katholischen Gebieten neben den städtischen
Kollegien die wichtigsten Elemente der höheren Bildung gewesen waren. Das war ein schwerer Aderlass, von dem sich das
katholische Deutschland bis ins 20. Jahrhundert hinein nicht er-
holt hat.

Wie äußerte sich der zunehmende Staatseinfluss im höheren
Schulwesen? Anders als im niederen Schulwesen, wo die Behörden im 18. Jahrhundert eine aktive Schulgründungspolitik betrieben, Schulordnungen erließen und die Schulpflicht durchgesetzt wurde, brachte sich der Staatseinfluss im höheren Schulwesen auf subtilere, aber durchaus ebenfalls wirkungsvolle
Weise zur Geltung, zum Beispiel über die Etablierung eines Prü-

fungswesens, mit dessen Hilfe der Staat reglementierend und normierend auf die Schulen zugreifen konnte. So finden wir 1788 in Preußen ein erstes so genanntes Abitursreglement. Mit der Einführung des Abiturs schob sich erstmals zwischen die höhere Schule und die Universität eine Prüfung. Allerdings betraf diese Prüfung vorerst nur die Kinder armer Leute, weil nur sie – sofern sie ein Stipendium erlangen wollten – diese Prüfung abzulegen hatten. Eine Verschärfung trat 1812 mit dem zweiten Abitursreglement ein. Zwar wurde auch jetzt das Bestehen der Abiturprüfung noch nicht zur zwingenden Voraussetzung eines Universitätsbesuchs gemacht. Aber jeder, der später einmal als höherer Beamter in den Staatsdienst zu treten beabsichtigte, musste ein Abitur nachweisen können. Der Adel verlor sein bisher selbstverständliches Monopol auf die privilegierten Berufspositionen, weil die Regierenden, vielerorts unterstützt von einem aufgeklärten Beamtenapparat, zur Umsetzung ihrer Reformpolitik die Besten, nicht länger, wie bisher, die qua Geburt Bevorrechtigten gewinnen wollten. Die Wurzeln der für Deutschland charakteristischen engen Verbindung von höherer Schule und höherer Beamtenlaufbahn liegen hier. 1834 finden wir erneut ein Abitursreglement. Nun hatte ausnahmslos jeder Universitätsaspirant wenigstens die beiden letzten Schuljahre an einer öffentlichen höheren Schule zu verbringen und sich der Abiturprüfung zu unterziehen. Ab der Jahrhundertmitte kann das Abitur als weitgehend durchgesetzt gelten.

Über eine Prüfung wurde jetzt auch der Zugang zum höheren Lehramt einheitlich geregelt. In diesem Sinne war 1810 in Preußen das *examen pro facultate docendi* eingeführt worden, eine obligatorische Universitätsabschlussprüfung für alle diejenigen, die anschließend als Lehrer an einer höheren Schule tätig werden wollten. Man muss dies als einen folgenreichen Schritt bezeichnen, denn damit war das Prinzip der staatlichen Überprüfung der Qualifikation für ein Lehramt an die Stelle der bis zu diesem Zeitpunkt üblichen, durchaus willkürlichen Einzelfallprüfung bei der Vergabe einer Stelle getreten und dadurch die Homogenisierung des höheren Schulwesens auf dieser Ebene ein entscheidendes Stück vorangetrieben worden. Auch in inhaltlicher Hinsicht wirkte sich diese Prüfung, in der die Kandidaten philologische, historische und mathematische Kenntnisse nachzuweisen hatten, nachhaltig aus. Mit der Breite dieser Anforderungen war nämlich die während Jahrhunderten unangefochtene Vorherrschaft der Theologie im höheren Lehramt gebrochen.

Worin gründete nun das besondere Interesse des Staates an der höheren Schule, wie es sich in diesen Maßnahmen Ausdruck verschafft hat?

Dazu muss man sich folgendes vergegenwärtigen: Die Gymnasien und Kollegien waren aller vorsichtigen Modernisierungsversuche zum Trotz ausgangs des 18. Jahrhunderts immer noch, wenn auch in den katholischen Ländern mehr als in den protestantischen, theologisch geprägt und als Vorbereitungsanstalten auf das geistliche Amt ausgelegt. Selbst die Lateinschule in den protestantischen Ländern hatte mit der Zeit immer mehr eine religiöse Färbung angenommen. Das aber entsprach nicht mehr den tatsächlichen Bedürfnissen. Dem Beamtennachwuchs und den angehenden Medizinern war mit dem Angebot, wie es dieses höhere Schulwesen bereitstellte, nicht länger gedient. Genauso erging es den künftigen Kaufleuten und Handwerkern, die zwar nicht zu studieren beabsichtigten, aber doch eine höhere Bildung wünschten und deshalb in Ermangelung einer Alternative eine Lateinschule, ein Gymnasium oder ein Kolleg besuchten. Den Erfordernissen einer sich modernisierenden Gesellschaft und der sich ausdifferenzierenden Wissenschaftslandschaft war Rechnung zu tragen und in diesem Zuge das höhere Schulwesen auf die Herstellung nicht mehr einer theologischen, sondern einer allgemeinen Studierfähigkeit festzulegen. Die Bewältigung dieser Aufgabe konnte nach Lage der Dinge nur der Staat gewährleisten, der im Gegenzug allerdings auch bereit war, einen weiter steigenden Anteil der Kosten am höheren Schulwesen zu übernehmen.

Als eine höhere Schule, die diesen zeitgemäßen Ansprüchen zu genügen versprach, entstand in den ersten Jahrzehnten des 19. Jahrhunderts das humanistische Gymnasium. Aus der Vielzahl an Gymnasien, Gelehrtenschulen, ehemaligen Kollegien,

Bürger-, Rats- und Lateinschulen erhielt ein kleinerer Kreis besonders leistungsfähiger höherer Schulen die behördliche Genehmigung, die zunehmend verbindlicher werdende Abiturprüfung abzunehmen. Nur diesen Schulen, die, von Ausnahmen abgesehen, ihre religiös-konfessionelle Prägung aufzugeben hatten, kam fortan der Status des vollberechtigten Gymnasiums zu. Inklusive der jeweils dazu gehörenden dreijährigen Vorbereitungsschule umfasste der gymnasiale Bildungsgang zwölf Jahre. Dieser Idealform passten sich bis Ende des 19. Jahrhunderts alle deutschen Länder an und beendeten die hier und da nach wie vor bestehenden Sonderwege. So war zum Beispiel im Königreich Bayern lange Zeit zwischen Lyzealabschluss und Universitätsbesuch noch ein Philosophiekurs geschaltet, der erst die allgemeine Studierfähigkeit sicherstellen sollte, weil in diesem Land die Lyzeen ihre theologische Ausrichtung immer noch nicht abgestreift hatten; andernorts hatte die Dauer des Gymnasiums nach vorherigem Besuch einer Bürger- oder Realschule nur einige wenige Jahre betragen. So zeigt sich auch hier wieder das schon vertraute Bild: Staatliche Vorgaben sorgen für eine zunehmende Homogenisierung der Schullandschaft.

Im Blick auf die zu lehrenden Unterrichtsinhalte tat sich ebenfalls Wesentliches: Im Zeichen des Neuhumanismus blieb zwar die Lehre der alten Sprachen wichtig, und zwar anfangs so wichtig, dass ‹der Philologe› zum Synonym für den ganzen Berufsstand der Gymnasiallehrer werden konnte. Das Erlernen der alten Sprachen diente jedoch nicht mehr theologischen Zwecken oder der Entwicklung der Denkfähigkeit – auch wenn letzteres, jetzt «formale Bildung» geheißen, wichtig blieb –, sondern unter dem Stichwort «allgemeine Bildung» dem tieferen Verständnis der für besonders bildend gehaltenen Kultur der griechisch-römischen Antike. Der Religionsunterricht rückte ganz an den Rand des Curriculums und gab Fächern wie Deutsch, Mathematik, Französisch, Geschichte, Geographie und Naturkunde, aus der sich mit der Zeit Biologie, Physik und Chemie ausgliederten, breiteren Raum. Den Realienfächern kam nunmehr also ein größeres Gewicht zu, freilich ohne dass dies die Dominanz der Sprachen am Gymnasium ernsthaft in Frage gestellt hätte.

Die Lehrkräfte waren – zu erinnern ist hier an die oben genannten Anforderungen *des examen pro facultate docendi* – nicht länger Theologen. Mit Ausnahme der süddeutschen Länder, die noch für einige Jahrzehnte am Theologenprivileg und an der konfessionellen Prägung des höheren Schulwesens festhielten, hatten die angehenden Gymnasiallehrer, dem neuhumanistischen Ideal der Allgemeinbildung verpflichtet, in der aus der Artistenfakultät hervorgegangenen Philosophischen Fakultät ein breit gefächertes Studium zu absolvieren. Dieses umfasste neben den alten Sprachen, denen ein besonderes Gewicht zukam, auch alle anderen Unterrichtsfächer. Im Laufe der Zeit gab das Gymnasiallehrerstudium jedoch seinen enzyklopädischen Anspruch auf und folgte damit der fortschreitenden Ausdifferenzierung auf der universitären Ebene. Am Ende des 19. Jahrhunderts stand der uns heute geläufige Fachlehrer mit zwei Unterrichtsfächern, der sich als Fachwissenschaftler und kompetenter Vermittler von Wissen verstand.

Auch der neue Gymnasiallehrer verfügte anfangs über keine pädagogische Vorbereitung auf seine Lehrtätigkeit. Wer nur ordentlich die Wissenschaften studiert habe, glaubte man, der werde auch ein guter Lehrer sein. Immerhin führten einzelne deutsche Länder bereits in den 1820er Jahren ein pädagogisches Probejahr ein, das bei Eintritt in den Schuldienst zu absolvieren war. Gegen Ende des 19. Jahrhunderts wurde dann noch eine Seminarphase, die das spätere, erst in den 1920er Jahren fest etablierte Referendariat in den Grundzügen vorwegnahm, diesem Probejahr vorgeschaltet. Mit der Einführung des Referendariats einschließlich des Zweiten Staatsexamens als Abschluss hatte die pädagogische Qualifizierung des Studienrats, wie der Lehrer im höheren Lehramt, der «Oberlehrer», nach 1918 hieß, ihren Abschluss gefunden. Mit dieser nach dem Vorbild der Juristen zweigeteilten Ausbildung und seinen beiden staatlichen Examina war das höhere Lehramt endgültig in die höhere Beamtenlaufbahn eingeordnet. Seine Angehörigen bildeten einen selbstbewussten, vergleichsweise gut bezahlten und sich den Volksschullehrern in jeder Hinsicht weit überlegen fühlenden Stand.

Ende des 19. Jahrhunderts hatte das höhere Schulwesen bereits seinen zweiten tief greifenden Neuordnungsprozess innerhalb eines Jahrhunderts durchlaufen. Die unter anderem auf der Großchemie und der Elektrotechnik basierende zweite Industrialisierungswelle hatte nämlich die Defizite des Gymnasiums mit seinem nach wie vor altsprachlich-literarisch zentrierten Curriculum immer unübersehbarer hervortreten lassen. Zudem hatte eine in der zweiten Jahrhunderthälfte stark wachsende Bildungsnachfrage, die den Beginn einer bis in unsere Tage anhaltenden Bildungsexpansion markiert, trotz des hohen Schulgeldes die Schülerzahlen an den Gymnasien so stark ansteigen lassen, dass in der Öffentlichkeit die «Überfüllung» der höheren Schulen beklagt und vor einem «Akademikerproletariat» gewarnt werden konnte. Dabei wollten nach wie vor viele Gymnasiasten gar kein Abitur ablegen, und von den Abiturienten beabsichtigten längst nicht alle, ein Studium aufzunehmen. Es war also eine Situation entstanden, die der am Anfang des Jahrhunderts ähnelte: Es gab eine nennenswert große Zahl von Heranwachsenden, deren Bedürfnissen das Bildungsangebot des Gymnasiums nicht dienen konnte. Und schließlich waren – ein letzter Grund – bei der Reform des höheren Schulwesens zwei Schultypen zurückgeblieben, die ebenfalls einen neunjährigen Bildungsgang anboten und deshalb nach wie vor anstrebten, Zugang zum Kreis der voll berechtigten höheren Schulen zu finden. Das Realgymnasium unterschied sich vom Gymnasium dadurch, dass es zwar Latein, aber kein Griechisch anbot, vor allem aber die modernen Fremdsprachen pflegte. Die Oberrealschule hingegen verzichtete auch auf das Latein und konzentrierte sich stattdessen auf ein naturwissenschaftliches Fächerangebot. Um die Jahrhundertwende wurde auch diesen beiden Typen höherer Bildung die uneingeschränkte Abiturberechtigung zugesprochen.

Ähnlich wie für das Volksschulwesen gilt auch für die höhere Schule: Zwar ist unter dem Stichwort «Reformpädagogik» und aus den Reihen der Jugendbewegung um 1900 gerade an ihr massive Kritik geübt geworden. Verknöchert und lebensfern sei der Unterricht, die Jugend werde in den «Schulgefängnissen» drangsaliert. Der Schulroman, der das tragische Zerbrechen einzelner

Trauriger Schulalltag im 19. Jahrhundert: Ernst Würtenbergers «Nachsitzer» aus dem Jahre 1909 ist auch als Protest gegen das geistlose Pauken von Wissen zu verstehen. Karlsruhe, Staatliche Kunsthalle

Jugendlicher an der Schule bis hin zum Selbstmord beschrieb, entstand als neue literarische Gattung. Das alles darf jedoch nicht übersehen lassen, dass sich mit den Reformen an der Wende zum 20. Jahrhundert objektiv ein auch im internationalen Maßstab betrachtet leistungsfähiges Schema höherer Bildung für etwa sieben Prozent eines Altersjahrgangs herausgeschält hat, wie wir es im Prinzip bis heute kennen: die humanistische neben der neusprachlichen und der mathematisch-naturwissenschaftlichen Bildung. Zum Teil bis in die frühen 1970er Jahre hinein (!) konnte dieses Bildungssystem von seinen Leistungen und Erfolgen zehren. Erst danach ist es zunehmend in die Kritik geraten.

Die Entstehung eines mittleren Schulwesens

Die Realien waren anfangs sowohl im Elementarschulwesen als auch in der höheren Bildung vernachlässigt worden. Die ersten Vorboten einer neuen Schulart, in der die Realien stärkere Be-

achtung finden sollten, begegnen uns schon am Anfang des
18. Jahrhunderts. 1705 wurde in Halle eine so genannte «Realschule» gegründet. 1746/47 folgte die ob ihres vorbildhaften
Charakters bedeutsame und von Johann Julius Hecker, einem
Schüler des Pietisten und Hallenser Schulgründers August Her-
mann Francke (1663–1727) in Berlin eröffnete «ökonomisch-
mathematische Realschule». In dem Namen dieser Schule
kommt schon zum Ausdruck, worum es in besonderer Weise gehen sollte. Das im Berufs- und Wirtschaftsleben Nützliche stand
im Mittelpunkt. Deshalb wurden neben den im Namen der
Schule genannten Fächern unter anderem auch Französisch,
Geometrie, Mechanik, Landwirtschaft gelehrt. In größerer Zahl
kamen «Realschulen» Anfang des 18. Jahrhunderts in den katholischen Ländern vor, war es dort aufgrund des nach wie vor
dominant theologischen Charakters der höheren Schulen doch
besonders schlecht um die Realienbildung bestellt.

Maßgeblich standen hinter dieser neuen Schulart Kreise des
gewerblichen Bürgertums, die eine qualitativ gute, aber nicht
gelehrte, sondern praktisch orientierte Schulbildung anstrebten
und ihre Söhne nicht auf Kanzel und Katheder, sondern bald-
möglichst im praktischen Berufsleben sehen wollten. Deshalb
erwies sich das neu entstehende humanistische Gymnasium als
ungeeignet, die hier formulierten Bildungsansprüche zu bedienen. 1832 wurde in Preußen die «Vorläufige Instruction für die
an den höheren Bürger- und Realschulen anzuordnenden Ent-
lassungsprüfungen» herausgegeben, womit diese Schulart erstmals als eigenständige Schöpfung in Erscheinung trat.

Ihren Durchbruch erlebte die Realschule aber erst in der zweiten Hälfte des 19. Jahrhunderts. Jetzt nahm im Zuge des bereits
erwähnten wachsenden Interesses an schulischer Bildung auch
die Nachfrage nach Bildung dieses Zuschnitts noch einmal signi-
fikant zu. Gleichzeitig standen im Gefolge der oben geschilderten
Neuordnung des höheren Schulwesens Schulen bereit, die weder
dem Volksschulwesen noch den höheren Schulen zugerechnet
werden konnten. So die bereits im Erlass von 1832 genannten
Bürgerschulen, das heißt ehemalige höhere Schulen, die den
Sprung zum vollberechtigten Gymnasium nicht geschafft hatten,

weil ihnen das Recht zur Abiturprüfung nicht zuerkannt worden war, die aber auch nicht den Kampf um die Gleichberechtigung einer neusprachlichen oder mathematisch-naturwissenschaftlichen höheren Bildung aufnehmen wollten. Des Weiteren finden wir große städtische Volksschulen, die nicht nur das übliche Volksschulprogramm, sondern dazu noch eine Fremdsprache anboten. Und schließlich gab es eben die bislang noch sehr vereinzelten Realschulen. Aus diesem heterogenen Kreis von Schulen formte sich schließlich das neue, mittlere Schulwesen, das auf einem anspruchsvolleren Niveau arbeitete als die Volksschule, den höheren Schulen aber keine Konkurrenz bieten wollte und auf die Bedürfnisse des aufstiegsorientierten technisch-gewerblich-kaufmännischen Mittelstandes sowie auf den neu entstandenen gehobenen Verwaltungsdienst bei der Post, der öffentlichen Bauverwaltung, der Bergbau- und Militärbürokratie zugeschnitten war. Politisch gefördert wurde der Aufstieg der Realschule, weil man damit die Erwartung verband, den Zustrom zu den Gymnasien auf diejenigen begrenzen zu können, die tatsächlich ein Abitur und ein Studium anstrebten. In den deutschen Ländern kam es in den Jahrzehnten des Kaiserreichs immer wieder zu gesetzlichen Regelungen, die die Real- oder Mittelschule schließlich zu dem werden ließen, was sie bis heute ist: ein eigenständiger Schultyp von sechsjähriger (unter Einschluss der 1920 wieder abgeschafften Vorbereitungsschulen vorübergehend neunjähriger) Dauer mit eigenem Curriculum und einem, ab 1927 (im Gegensatz zur «Vollreife» des Abiturs) «mittlere Reife» genannten, eigenen förmlichen Abschluss. In der Entstehung dieser Mittelschule, die gleichermaßen zur Volksschule wie zur höheren Schule Abstand wahrte, vollendete sich in den 1920er Jahren endgültig das dreigliedrige Schulwesen in Deutschland.

Das Mädchenschulwesen

Im Elementarschulwesen hat sich hinsichtlich der Geschlechterthematik wenig geändert. Mädchen hatten zwar Zugang zu den Schulen, wurden aber vielerorts nach wie vor mit einem reduzierten Programm abgefunden. Noch im 19. Jahrhundert wurde

ihnen keineswegs durchgängig neben dem Lesen auch das
Schreiben beigebracht. Besser erging es den Mädchen in den allmählich in den großen Städten zunehmend eingerichteten reinen
Mädchenschulen oder Mädchenklassen an großen Volksschulen, was den Bedarf an Lehrerinnen ansteigen und deren Anteil
bis 1914 reichsweit auf immerhin rund zwanzig Prozent aller
Volksschullehrkräfte anwachsen ließ. Zum Vergleich: Weil im
übrigen Europa die Geschlechtertrennung auch im Elementarschulwesen von Anfang an üblich war, bewegte sich dort der
Frauenanteil auf einem höheren Niveau: zwischen fünfzig (zum
Beispiel in Frankreich) und fünfundsiebzig Prozent (zum Beispiel in England). Neben einem, gemessen an dem der männlichen Kollegen, geringeren Lohn mussten die überwiegend in
den Anfangsklassen der Schulen eingesetzten Lehrerinnen in
Deutschland eine weitere diskriminierende Bedingung akzeptieren: das auch in anderen europäischen Ländern praktizierte und
erst in der Weimarer Republik aufgehobene Zölibatsgebot, das
allerdings von den Lehrerinnenverbänden um des Schutzes der
ledigen erwerbstätigen Frau willen mehrheitlich gutgeheißen
wurde.

Größere Veränderungen gab es im höheren Mädchenschulwesen. Die Mädchen des Bürgertums, deren Brüder die Gymnasien und Kollegien oder wenigstens die Lateinschulen, später
die humanistischen Gymnasien besuchten, verfügten über derartige Bildungsmöglichkeiten nicht. Der Besuch einer internatsmäßig geführten Klosterschule kam zwar vor, war aber auch
deshalb nicht sehr verbreitet, weil die Mädchen traditionellerweise in einer viel engeren Bindung an den elterlichen Haushalt
lebten als die Jungen. Dabei waren in den katholischen Gebieten aufgrund des Wirkens der im vorigen Kapitel genannten
weiblichen Schulorden, die vielfach auch städtische Mädchenschulen unterhielten, die Bedingungen grundsätzlich etwas besser als in den protestantischen Ländern. Was darüber hinaus
blieb, das war die Bildung im familiären Rahmen, durch die
Mütter und Hauslehrer sowie – im 19. Jahrhundert – durch
Gouvernanten. Allerdings kam diese zuletzt genannte Form nur
für die schmale Schicht des sehr wohlhabenden Großbürger-

tums in Frage. Gerade das Bildungsbürgertum aber, wie es ausgangs des 18. Jahrhunderts in den zahlreichen deutschen Resi-
denzstädten emporwuchs, verlangte nach Bildungsmöglichkeiten für seine Töchter. Dabei war das Bildungsbürgertum –
Gymnasiallehrer, Pastoren, Professoren, Ärzte, Verwaltungsbe-
amte – kaum begütert. Blieb eine Tochter unverheiratet, dann
stellte sich die Frage einer angemessenen Versorgung mit Hilfe
eines durch diese Frauen eigenständig auszuübenden Berufes.
Was immer das auch war, es bedurfte einer guten allgemeinen
Vorbildung. Aber auch die verheiratete bürgerliche Frau sollte
über eine angemessene Bildung verfügen, verlangte doch der
Bildungsbürger nach einer gebildeten Gesprächspartnerin als
Ehefrau. Zudem gab es die Schulpflicht, die ohne Ausnahme
auch von den Mädchen zu erfüllen war.

Die Lösung des Problems bestand in der Gründung höherer
Mädchenschulen, die am Ende des 18. Jahrhunderts immer zahlreicher wurden. Derartige Schulen waren zunächst von privaten
Elternvereinen, in katholischen Gebieten in Ausdehnung ihrer
traditionellen Aktivitäten auch von den weiblichen Lehrorden,
aber bald auch von den Kommunen getragene Einrichtungen.
Von «höheren» Mädchenschulen sprach man übrigens nicht,
weil sie den höheren Jungenschulen entsprochen hätten, was
nicht der Fall war, sondern weil sie von den so genannten «höheren» Töchtern besucht wurden. An Bildung vermittelten sie
gerade so viel, dass die jungen Frauen später entweder einen Beruf ausüben oder ihren Ehemännern anregende Gesprächspart-
nerinnen und interessante Gastgeberinnen sein konnten. Diese
Schulen vergaben keine Berechtigungen, was auch nicht nötig
war, denn die Schülerinnen strebten ohnehin kein Studium an.

Bewegung kam in diese Szene im zweiten Drittel des 19. Jahrhunderts, und zwar auf Druck der bürgerlichen Frauenbewe-
gung und im Zusammenhang mit der Entstehung des mittleren
Schulwesens. In den Kreis dieser Schulen wurden nun auch einzelne, besonders leistungsfähige der höheren Mädchenschulen
aufgenommen und Lyzeum genannt. Damit waren diese Schulen
erstmals zu einem Teil des öffentlichen Bildungswesens geworden (daneben bestanden weiterhin private höhere Mädchen-

schulen), wiesen gegenüber den Jungenschulen allerdings den Nachteil auf, dass man an ihnen nach wie vor keine Abschlussprüfungen ablegen konnte, die zu irgendetwas berechtigten, schon gar kein Abitur. Dies änderte sich mit Beginn des 20. Jahrhunderts, als nach und nach in allen deutschen Ländern an den Lyzeen nicht nur ein mittlerer Bildungsabschluss, sondern nach Absolvierung der Oberstufe, der so genannten Studienanstalt, auch das Abiturszeugnis erworben werden konnte. Konsequenterweise wurde den jungen Frauen nach 1900 der uneingeschränkte Zugang zur Universität ermöglicht – beispielsweise um über ein wissenschaftliches Studium in zwei Fächern die Lehrbefähigung für das höhere Lehramt zu erwerben. Es war noch deutlich vor der Ärztin der Beruf der Oberlehrerin, der den Frauen den Zugang zur Universität eröffnet hat. Diese Oberlehrerinnen wurden an den höheren Mädchenschulen, die nun zu wirklichen höheren Schulen geworden waren, eingesetzt und brachen damit erfolgreich in eine bislang rein männliche Domäne der Berufswelt ein. Alternativ zum Besuch der Studienanstalt bot sich die interessante Möglichkeit, in den Lyzeen angegliederten Einrichtungen eine Ausbildung zur Kindergärtnerin oder zur Volksschullehrerin zu absolvieren.

5. Die deutsche Entwicklung im 20. und 21. Jahrhundert

Weimarer Republik

Welche Veränderungen brachte das Jahr 1918/19 für das Schulwesen? Anders als bezüglich der Staats- und Regierungsform, wo mit dem Übergang von der Monarchie zur Republik ein Umbruch von erheblicher Tragweite zu verzeichnen war, hielten sich dessen Auswirkungen auf die Gesellschaft in engen Grenzen. Wie die Gesellschaft als Ganze, in welcher der Vorrang der alten Eliten weitgehend unangetastet und die Demokratie den

meisten Menschen fremd blieb, entzog sich auch das Schulwesen größeren Veränderungen. Von den 1919 elf Leitern der
preußischen Provinzialschulkollegien waren acht schon vor
1914 in dieser Position tätig gewesen; von den 28 Ministerialrä-
ten im preußischen Kultusministerium gehörten 1919 nur zwei
der SPD an. Die weithin ungebrochene Kontinuität im Bereich
der Schulverwaltung lässt sich kaum besser demonstrieren als
an diesen Zahlen. Wiederum an derartigen Zahlen wird sich
14 Jahre später die Radikalität der «Machtergreifung» der Nationalsozialisten ablesen lassen. Kaum überraschend schlugen
auch, obwohl die neue Reichsverfassung dies ermöglicht hätte,
alle Versuche fehl, die Schulpolitik auf Reichsebene zu zentrali-
sieren. Einzig zwei paritätisch besetzte Ausschüsse sollten als
Steuerungsinstrumente auf zentraler Ebene wirken, erwiesen
sich faktisch aber als einflusslos. Schule war und blieb – wie es
schon Tradition war – Sache der einzelnen Länder des Deutschen Reiches, die im bundesstaatlichen Verfassungssystem der
Weimarer Republik eine ausgesprochen starke Position innehat-
ten. Auch hier waren es wiederum die Nationalsozialisten, welche die Länder als politische Akteure und damit auch auf dem
schulpolitischen Feld ausschalten sollten.

Am auffälligsten ist noch die Einführung der Grundschule gewesen. Seit 1920 (Reichsgrundschulgesetz) bestand in Deutschland im Prinzip für alle Kinder am Anfang ihrer Schullaufbahn
die Pflicht zum Besuch einer öffentlichen Schule, eben der neu
eingeführten Grundschule. Die bis dahin üblichen schulartspe-
zifischen Vorschulen sollten damit der Vergangenheit angehören, ebenso die in manchen deutschen Ländern legale und deshalb übliche Praxis vermögender Eltern, ihre Kinder privat,
durch Hauslehrer, unterrichten zu lassen. Gleichwohl gelang es
auch nach der Verabschiedung des Grundschulgesetzes konservativen Eltern immer wieder, für ihre Kinder (vom Gesetz her
mögliche) Ausnahmeregelungen durchzusetzen. Die letzten privaten Vorschulen und die Praxis des Privatunterrichts verschwanden deshalb tatsächlich erst in den 1930er Jahren. Die 1920
festgelegte Dauer der Grundschulzeit von vier Jahren beruhte
auf einem Kompromiss zwischen den konservativen Kräften,

die am Status quo festhalten wollten, und der in den Anfangs-
jahren der Weimarer Republik in Nationalversammlung und
Reichstag für kurze Zeit tonangebenden Sozialdemokratie, die
für die Einführung der achtjährigen Einheitsschule plädiert hatte, sich mit dieser sehr weitgehenden, von ihr bereits seit dem
ausgehenden 19. Jahrhundert vertretenen Forderung aber nicht
durchsetzen konnte. Die Versuche des sozialdemokratischen
preußischen Kultusministers, die Einheitsschule unmittelbar
nach der Novemberrevolution 1918 per Dekret in seinem Land
einzuführen, scheiterten am entschiedenen Widerstand nicht zuletzt der Gymnasiallehrer.

Die zweite wesentliche Neuerung, die das Volksschulwesen
betraf, die Einführung der «christlichen Simultanschule» als
einer von den Kindern beider Konfessionen besuchten Schule
mit getrenntem Religionsunterricht, blieb, obschon von der
Verfassung als Normalform vorgesehen und ebenfalls von der
SPD schon lange mit Nachdruck gewünscht, die Ausnahme. Ihr
Anteil an allen Volksschulen hat bis 1933 die fünfzehn Prozent nie überschritten. Auch hier waren es wieder die konservativen Kräfte, die – diesmal im Verein mit den Kirchen – für
die bestehenden Konfessionsschulen quasi eine Bestandsgaran-
tie erwirkt hatten. Wenn die betroffenen Eltern dies wünschten,
durfte nämlich eine bestehende Konfessionsschule nicht aufgelöst werden, was sich faktisch als Sperrklausel gegen die Simultanschule auswirkte. Immerhin ist die Schulaufsicht endgültig
in die Hände von weltlichen Schulverwaltungsbeamten über-
gegangen. Auch hatten die Volksschullehrer durchweg keine
kirchlichen Nebendienste mehr zu verrichten. Die von den Leh-
rerverbänden seit Mitte und von der SPD seit Ende des 19. Jahrhunderts geforderte vollständige Weltlichkeit des Schulwesens
aber ist erst von den Nationalsozialisten herbeigeführt worden. Ausnahmen waren zuvor nur einige wenige Versuchs-
schulen der 1920er Jahre, die auch keinen Religionsunterricht
mehr anboten. Die Schulpflicht lag in der Weimarer Republik
wie in den anderen führenden Ländern Europas bei acht Jahren. Die sich daran anschließende Fortbildungsschule war zur
Pflichtschule geworden (Art. 145 der Weimarer Reichsverfas-

sung). Der diskriminierende Lehrerinnenzölibat wurde aufgehoben.

Auch wenn die Volksschule, abgesehen von der Einführung der Grundschule, in struktureller Hinsicht keine tiefer gehende Reform erfuhr, so waren die 1920er Jahre gleichwohl eine Zeit des vielfachen Experimentierens, erlebten doch an zahlreichen Orten die bereits angesprochenen reformpädagogischen Ideen ihre Verwirklichung. Was von amerikanischen Schulreformern als *project method* entwickelt worden war, hieß in Deutschland «Vorhaben» und bezeichnete den Versuch, in partnerschaftlicher Zusammenarbeit von Lehrern und Schülern von Alltagsproblemen ausgehend Lernen als einen Such- und Forschungsprozess zu inszenieren. Ebenfalls aus den USA hatte man die Idee der «Schülerselbstregierung» übernommen, der Versuch, die Schüler(innen) an allen Fragen des Schullebens mitentscheidend teilhaben zu lassen. Das waren beachtlich in die Breite wirkende Beiträge zu einer «inneren Schulreform», ein Begriff, den in jenen Jahren der einflussreiche Hochschulpädagoge Eduard Spranger (1882–1963) geprägt hat. Stärker in die formale Schulorganisation eingegriffen haben die Versuche des Jenaer Universitätsprofessors Peter Petersen (1884–1952), der die Jahrgangsklassen zugunsten altersübergreifender Lerngruppen aufgelöst, den üblichen «Fetzenstundenplan» – wie sich Petersen ausdrückte – zugunsten zusammenhängender Lernblöcke abgeschafft, das Schulleben mit Momenten des Spielens und Feierns angereichert und den Schülern Gelegenheit zur selbstverantwortlichen Tätigkeit gegeben hat. Als so genannter «Jena-Plan» hat dieses reformpädagogische Modell nicht nur in Deutschland Diskussionen provoziert und zur eklektizistischen Übernahme gereizt, sondern auch international Aufsehen erregt. Auch die Montessori-Kinderhäuser und die Stuttgarter Waldorfschule, die jeweils von einer breiten Unterstützerbewegung getragen wurden, haben anregend gewirkt und zahlreiche Lehrer(innen) motiviert, im Rahmen der bestehenden Schulstrukturen pädagogisch Innovatives zu probieren.

Wandlungen erfuhr auch das Mittelschulwesen, wenn auch nur solche, die bereits lange angebahnt waren. Zuerst entfiel die (in diesem Fall allerdings erst 1910 eingeführte) dreijährige Vorschule zugunsten der Grundschule. 1927 wurde sodann erstmals eine förmliche Abschlussprüfung eingeführt, die so genannte «mittlere Reife». Eine Maßnahme, die den im letzten Drittel des 19. Jahrhunderts begonnenen Konstitutionsprozess des mittleren Schulwesens endgültig abschloss und auch als «Geburtsurkunde des dreigliedrigen deutschen Schulsystems» (Peter Lundgreen) bezeichnet wird. Als mittlere Reife anerkannt wurde allerdings nach wie vor auch das an einer höheren Schule erworbene Versetzungszeugnis nach der Obersekunda. Erst seit den 1990er Jahren wird die auf diesem Weg erworbene mittlere Reife nicht mehr quasi automatisch, sondern nur nach Bestehen einer Prüfung vergeben.

Im höheren Schulwesen trat neben die schon bekannten drei Schultypen in Preußen ein weiterer, vierter Typ von höherer Schule. Mit der so genannten «Deutschen Oberschule», die ihren curricularen Schwerpunkt in einem Kranz kulturkundlicher Fächer besaß, sollten die alten Präparandenanstalten als Stätten der Volksschullehrerausbildung in das höhere Schulwesen integriert werden. Die Deutsche Oberschule baute deshalb auf der siebten Volksschulklasse auf und führte in einem sechsjährigen Bildungsgang zum Abitur. Das humanistische Gymnasium wurde dagegen quantitativ immer mehr an den Rand gedrängt. Aus der relativ offenen Anstalt, die es bis gegen Ende des 19. Jahrhunderts noch gewesen war, entwickelte es sich im 20. Jahrhundert immer mehr zu einer sozial hoch selektiven Eliteanstalt, in der sich das Bildungsbürgertum gewissermaßen selbst reproduzierte. Bildungsaufstieg fand in den anderen Typen höherer Schulen statt.

Da die Gymnasiallehrer unter keinen Umständen bereit waren, Abstriche an ihrem auf neun Jahre ausgelegten Bildungsgang zu akzeptieren, die Grundschulzeit aber verbindlich auf vier Jahre festgelegt worden war, bedeutete dies für die Schüler der höheren Lehranstalten in den 1920er Jahren eine Verlängerung der Schulbesuchsdauer von zwölf auf dreizehn Jahre. Es sollte – von einem kurzen Zwischenspiel in der NS-Zeit abgesehen – mehr als acht Jahrzehnte dauern, bis die gymnasiale Schulzeit um ein Jahr verkürzt werden konnte. Dies geschah nach dem Vorbild der DDR in den 1990er Jahren zuerst in den neuen, dann nach und nach auch in den westdeutschen Bundesländern.

Bezüglich der höheren Mädchenschule, dem weiterhin ausschließlichen Einsatzort weiblicher Lehrkräfte im höheren Schulwesen, war die Weimarer Republik von einer erheblichen Vielfalt gekennzeichnet. Nach wie vor beruhte diese Vielfalt auf einem gemeinsamen Unterbau, dem Lyzeum, das zu einem mittleren Abschluss führte, sowie einer Oberstufe, die, den Differenzierungen der höheren Schule für Jungen folgend, inzwischen vielerlei Gestalt angenommen hatte. Es gab die gymnasiale Studienanstalt, die oberreale Studienanstalt, die realgymnasiale Studienanstalt sowie das Oberlyzeum und die Frauenoberschule, die sich curricular und dabei vor allem hinsichtlich der angebotenen Fremdsprachen voneinander unterschieden. In Preußen gab es noch die «Deutsche Oberschule für Mädchen». Immerhin hatten sich die jungen Frauen in nur wenigen Jahrzehnten mit rund zwanzig bis fünfundzwanzig Prozent einen bemerkenswerten Anteil unter der Gesamtzahl der Abiturienten erkämpft.

In der mit dem Übergang zur republikanischen Staatsform 1919 in Kraft gesetzten neuen Verfassung wurde unter anderem festgelegt, die Lehrerbildung sei für alle Schularten «nach den Grundsätzen, die für die höhere Bildung allgemein gelten, einheitlich zu regeln». Die Angehörigen des höheren Lehramts aber wurden bekanntlich seit alters an der Universität ausgebildet. Wäre dem Art. 143, 2 der Verfassung Rechnung getragen worden, dann hätte dies für die Volksschullehrerbildung bedeutet, sie an die Universität zu verlegen. Eben das hatten schon seit langem die im Deutschen Lehrerverein zusammengeschlossenen Volksschullehrer nachdrücklich verlangt. Zu dieser Vollakademisierung der Volksschullehrerbildung ist es freilich nicht gekommen, jedenfalls nicht durchgängig. An die Universität wurde die Volksschullehrerbildung nur in Sachsen, Thüringen, Hessen, Hamburg und Braunschweig verlegt. Die anderen Länder scheuten die infolge einer Akademisierung steigenden Besoldungsanforderungen und verzichteten deshalb auf den universitär ausgebildeten Volksschullehrer. In Bayern und Württemberg blieb alles beim Alten (Seminarausbildung nach Volksschulabschluss). In Preußen, dem größten deutschen Einzelstaat, wurden so genannte Pädagogische Akademien eingerichtet, die immerhin eine Weiterentwicklung der Lehrerseminare bedeuteten, weil Lehrerbildung in den Akademien auf wissenschaftlicher Grundlage betrieben werden sollte. Wenn auch die Geschlechtertrennung aufgegeben wurde, waren die Akademien doch, wie zuvor die Seminare, konfessionell gebunden, was insofern konsequent war, als ja auch die Volksschule *de facto* als Bekenntnisschule erhalten geblieben war. Unabhängig von der Organisationsform der Lehrerbildung galt nunmehr, von den erwähnten Ausnahmen abgesehen, in allen Bundesstaaten das Abitur als Zugangsvoraussetzung zu einer zweijährigen Ausbildung. Allerdings wurde mit dem Einsetzen der Wirtschaftskrise 1929 aufgrund der rasant wachsenden Lehrerarbeitslosigkeit die Lehrerausbildung gleich welchen Zuschnitts faktisch immer unwichtiger. Junglehrer wurden kaum noch eingestellt und diejenigen Lehrkräfte, die sich bereits im Dienst befanden, hatten als Staatsbeamte stark unter den Folgen der Krise zu leiden: Massive Gehaltskürzungen und Erhöhungen der Lehrdeputate erschwerten die pädagogische Arbeit in den politisch unruhigen frühen 1930er Jahren.

Nationalsozialismus

Gemäß dem für die nationalsozialistische Herrschaft konstitutiven Führerprinzip dürfen einschlägige Äußerungen Hitlers als erste und maßgebliche Quelle der NS-Erziehungspolitik gelten. In seinem in der Landsberger Haftzeit entstandenen Pamphlet *Mein Kampf* hatte Hitler zur Erziehung unter anderem das Folgende ausgeführt: «Erste Aufgabe des Staates ist Erhaltung, Pflege und Entwicklung der besten rassischen Elemente, erste Aufgabe der Erziehung ist Pflege der körperlichen Gesundheit und das Heranzüchten kerngesunder Körper. Erst in zweiter Linie kommt dann die Ausbildung der geistigen Fähigkeiten. Hier aber wieder an der Spitze die Entwicklung des Charakters, besonders die Förderung der Willens- und Entschlusskraft, verbunden mit der Erziehung zur Verantwortungsfreudigkeit, und erst als letztes die wissenschaftliche Schulung.» Aus dieser Geringschätzung alles Intellektuellen folgte eine tief wurzelnde Abneigung gegenüber der Schule als dem Ort vornehmlich der geistigen Bildung. Soweit die maßgebenden NS-Politiker Interesse an Erziehungsfragen hatten, konzentrierte sich dieses auf die außerschulische Erziehung. Selbst der für die Schulen verantwortliche Reichserziehungsminister meinte, nicht durch die Schule, sondern durch «Lager und Kolonne» werde man zum Nationalsozialisten. Zudem glaubten die NS-Erziehungspolitiker – übrigens durchaus zu Recht, wie zahlreiche Zeitzeugenberichte bestätigen –, dass die Schule sich nie restlos im Sinne der NS-Ideologie instrumentalisieren lassen würde, wie es in der Formationserziehung der Hitlerjugend (HJ) und in anderen Parteiverbänden geschah. Auf subtile Weise hat mancher Lehrer im Unterricht seine Distanz zum herrschenden Regime zu erkennen gegeben. Auch daraus resultierte das Misstrauen, das die Protagonisten des NS-Staates der Schule entgegen brachten. Die Schule war nur insoweit interessant, als es galt, nationalsozialistisches Denken wenn möglich lückenlos und überall durchzusetzen.

Von Anfang an sah sich die Schule permanenter Eingriffe und Übergriffe seitens der HJ ausgesetzt. Nicht nur hatten die Lehrer die HJ bei der Mitgliederrekrutierung – etwa durch die Überlassung von Klassenlisten oder die offene Werbung auf Elternabenden – zu unterstützen. Auch war Unterrichtsausfall zugunsten aller denkbaren HJ-Aktivitäten an der Tagesordnung: So durften HJ-Mitglieder während der Unterrichtszeit an Schulungen teilnehmen, Parteiveranstaltungen besuchen, beim Land- und Erntedienst helfen, an Winterhilfswerkssammlungen mitwirken, Kurierdienste für Parteistellen durchführen usw. Der HJ standen grundsätzlich wöchentlich zwei Nachmittage zur Verfügung, die aufgabenfrei zu bleiben hatten. Ab 1934 war für Jugendliche, die in der HJ Führungsaufgaben übernommen hatten, an den Samstagen schulfrei. Hinzu kam, dass sich gerade solche, zumeist älteren Schüler, die als HJ-Führer Dienst taten, häufig kritisch gegen ihre Lehrer wandten, sie bespitzelten und als politisch unzuverlässig denunzierten. Jedenfalls waren gegen Ende der 1930er Jahre an zahlreichen Schulen, vor allem an den Gymnasien, Unruhe und Disziplinlosigkeit so groß und der durch HJ-Dienste bedingte Leistungsabfall vieler Schüler so erheblich, dass dies sogar den Protest der um das Fortkommen ihrer Sprösslinge besorgten Eltern provozierte und die Reichsjugendführung zum Eingreifen veranlasste. Geschickt verstanden es manche Schulleitungen, sich mit den Eltern zu verbünden, um der HJ manches Zugeständnis abzuringen: So wurde 1939 den Schulen zugestanden, die Befreiung eines Schülers vom HJ-Dienst zu verlangen, wenn seine schulischen Leistungen keine weiteren Belastungen mehr zuließen; im letzten Halbjahr vor der Abiturprüfung konnten alle Schüler vom HJ-Dienst frei gestellt werden usw. Vor allem aber wurden jetzt die Lehrer von der Reichsjugendführung, die ihre frühere antischulische Haltung vorsichtig korrigiert hatte, aufgefordert, sich als Führer in der HJ zu betätigen, was bis dahin streng untersagt gewesen war, um eine Vermischung der beiden Funktionen des Lehrers und des Jugendführers zu vermeiden. So hoffte man, dem konflikthaften Nebeneinander von Schule und außerschulischer Erziehung etwas von seiner Brisanz zu nehmen. Ohnehin war zu diesem Zeitpunkt, so weit das eben möglich war, die Einordnung der Schule in den nationalsozialistischen Herrschaftsapparat abgeschlossen, so dass sich auch aus diesem Grund die Konfrontation zurücknehmen ließ. In dem Maße, in dem Schulleiterstellen mit Parteimitgliedern besetzt worden waren, in dem Maße, in dem junge Lehrer, die bereits HJ-Mitglieder waren, in den Schuldienst eingestellt worden waren, kurz: In dem Maße, in dem die «Gleichschaltung» der Schule erfolgreich voran schritt, bejahten viele Lehrerkollegien die ihnen zugedachte Rolle und ihr Verhältnis zu den außerschulischen Erziehungsmächten.

In diesem Sinne hatte man zur administrativen Umsetzung der «Gleichschaltung» an die Stelle der durch das föderale System der Weimarer Republik gegebenen Vielfalt an Entscheidungsinstanzen eine straffe Befehlsstruktur treten lassen, die von der Reichsregierung bis hinunter an die einzelne Schule reichte. Am

30. Januar 1934 wurde den Ländern zusammen mit anderen politischen Hoheitsrechten auch die Schulhoheit entzogen. Das Recht, für das gesamte Reich verbindliche schulpolitische Anordnungen zu treffen, einschließlich der Verabschiedung der Lehrpläne, der Zulassung der Lehrmittel, des Erlasses von Richtlinien zur Lehrerausbildung und ähnliches mehr, ging auf das 1934 neu gegründete Reichsministerium für Wissenschaft, Erziehung und Volksbildung über. Die weiter bestehenden Länderkultusministerien wurden zu nachgeordneten, rein vollziehenden Behörden heruntergestuft. Ab 1939 waren alle Lehrer und Lehrerinnen Reichsbeamte. Auch die Vielfalt der Standesorganisationen verschwand unter der Herrschaft der Nationalsozialisten. Bereits Ende 1933 hatten sich 43 der zu diesem Zeitpunkt bestehenden 48 Lehrerverbände selbst aufgelöst bzw. waren dem Nationalsozialistischen Lehrerbund angeschlossen worden. Als letzte wurden 1937 der Philologenverband und der Verein katholischer Lehrerinnen aufgehoben.

Mit der Zentralisierung ging ein erheblicher Austausch des Personals einher. Mehr als die Hälfte der Schulverwaltungsbeamten und der Dozenten an den Lehrerausbildungsstätten wurde entlassen. Das «Gesetz zur Wiederherstellung des Berufsbeamtentums» bot die Handhabe, politisch unliebsame Lehrer(innen) aus dem Schuldienst zu entfernen – was häufig praktiziert wurde – oder sie mindestens strafzuversetzen. Bei allen Neueinstellungen war die Parteimitgliedschaft zwingend vorgeschrieben, vor Beförderungen musste die NSDAP-Kreisleitung gehört werden. Dennoch und obwohl es die neuen Machthaber mittels dieser drastischen Maßnahmen verstanden, die anfangs der 1930er Jahre hohe Lehrerarbeitslosigkeit zu beseitigen, besaß nur eine Minderheit unter den Lehrer(inne)n die Mitgliedschaft in der NSDAP, nämlich rund dreißig Prozent. Das war ein niedrigerer Anteil als zum Beispiel bei den einem weit geringeren Anpassungsdruck unterworfenen Ärzten. Eine gewisse Rolle mag dabei der Umstand gespielt haben, dass aus dem anfänglichen Lehrerüberschuss als Folge der genannten massiven Eingriffe bald ein Lehrermangel geworden war und der Konformitätszwang deshalb etwas nachließ.

Die «Gleichschaltung» der Schule erforderte auch eine mindestens partielle Revision der Lehrinhalte. So wurden zum Beispiel die im Fach Geschichte zu lehrenden Inhalte komplett neu ausgerichtet. Rasse und Führerprinzip wurden als geschichtsbestimmende Faktoren eingeführt, Preußens Aufstieg zur Großmacht in zuvor unbekannter Breite behandelt, die Zeitgeschichte wurde ganz auf die Verklärung der NS-Bewegung umgeschrieben usw. Der Lektürekanon des Deutschunterrichts wurde von unerwünschter Literatur – insbesondere der zeitgenössischen Moderne – «gereinigt». In den Biologieunterricht wurde die Rassekunde eingefügt, in den Erdkundeunterricht die Geopolitik. Überhaupt wurden die sich für die ideologische Manipulation besonders gut eignenden Fächer gegenüber den naturwissenschaftlichen Fächern aufgewertet. Ebenso wurde mit dem Fach Sport verfahren. Der besonderen Gewichtung des Körperlichen folgend erhielt der Schulsport eine nie da gewesene Bedeutung. Die Zahl der wöchentlichen Sportstunden wurde mehr als verdoppelt, Boxen, Fußball und Geländesport wurden neu in die Schule eingeführt. Turnen wurde Bestandteil der Abiturprüfung und in allen Schularten versetzungsrelevant. Parallel dazu wurde der Religionsunterricht immer mehr an den Rand gedrängt, wenn auch nie ganz aufgehoben.

Ein vorrangiges Ziel der NS-Schulpolitik bestand in der Bekämpfung des «Bildungspluralismus» durch Vereinheitlichung und Homogenisierung des Schulwesens. Im Blick auf die, ebenso wie die Mittelschulen, immer noch schulgeldpflichtigen höheren Schulen bedeutete das die Reduzierung auf nur noch zwei Typen höherer Schule: das humanistische Gymnasium und die Deutsche Oberschule, die sich allerdings in ihrer Oberstufe in einen neusprachlichen und einen mathematisch-naturwissenschaftlichen Zweig gabelte. Im Zuge dieser Maßnahmen wurde die Schulbesuchsdauer im höheren Schulwesen 1937/38 auf acht Jahre reduziert – auch dies ein Zeugnis der grundsätzlichen Schulfeindschaft des Nationalsozialismus. Bis Ende der 1930er Jahre wurde zudem eine Politik verfolgt, die auf eine Drosselung des Zugangs zu den höheren Schulen abzielte.

Ähnlich wurde im höheren Mädchenschulwesen verfahren. Dieses sollte auf den einzigen lateinlosen Typus, die Frauenoberschule, reduziert werden. Wenn man dazu noch die zugunsten hauswirtschaftlicher Elemente verdünnte mathematisch-naturwissenschaftliche Bildung, die diese Schulart bot, in Betracht zieht, dann wäre damit den jungen Frauen die Aufnahme eines Universitätsstudiums faktisch unmöglich gemacht worden. Diese nationalsozialistische Reform hat sich freilich in der Realität kaum bemerkbar gemacht, denn zwischen 1937 und 1945 hat nur ein kompletter Schülerinnenjahrgang diese Schulart durchlaufen. Immerhin durften sich unter den jährlich 15 000 zum Studium Zuzulassenden höchstens zehn Prozent Frauen befinden, woraufhin die Zahl weiblicher Studierender tatsächlich um die Hälfte sank. Frauen sollten nicht studieren, sondern Mütter und Hausfrauen werden. Konsequenterweise hatten alle Abiturientinnen ein hauswirtschaftliches Pflichtjahr zu absolvieren.

Vereinheitlichung und Reduktion der Typenvielfalt fand auch im mittleren Schulwesen statt. 1938 wurden die unterschiedlichen Mittelschullehrpläne auf einen einzigen zusammengestrichen und alle Zugangswege von der Mittelschule auf die höhere Schule abgeschnitten. Zudem wurde 1939 die Möglichkeit abgeschafft, durch Versetzung in die Obersekunda an der höheren Schule einen mittleren Bildungsabschluss zu erreichen. Die NS-Schulpolitik nutzte also erkennbar alle Wege, um die seit dem ausgehenden 19. Jahrhundert stetig wachsende Bildungsnachfrage einzudämmen und ein die verschiedenen Schularten streng voneinander abschottendes Schulwesen aufzubauen.

Auch im Bereich der Volksschule ebnete das NS-Regime die Schullandschaft ein. Einem nach lückenloser Ideologisierung des Schulwesens strebenden Regime mussten Schulen suspekt sein, die sich weltanschaulich anders orientierten, als es der herrschenden Lehre entsprach. Das war beim Bekenntnisschulwesen der Fall. Allerdings war es nicht ganz einfach, die Bekenntnisschulen in Gemeinschaftsschulen zu überführen, denn die katholischen Schulen waren durch das Reichskonkordat vom Sommer 1933 in ihrem Bestand geschützt. Erst in der zweiten Hälfte der 1930er Jahre nahm der Druck auf die Bekenntnisschulen

stetig zu. Finanzmittel wurden gekürzt, die Eltern wurden einge-
schüchtert usw., bis immer mehr Bekenntnisschulen aufgeben
mussten. 1941 waren auf diese Weise auch die letzten von ihnen
in Gemeinschaftsschulen umgewandelt. Nachdem schon 1940
die meist kirchlichen Privatschulen verboten worden waren, war
damit das vorläufige Ende allen kirchlichen Einflusses auf das
Schulwesen erreicht. Als nichtstaatliche Schulen existierten zu
diesem Zeitpunkt – bis zu ihrer Schließung am 30. Juni 1942 –
allein noch die von der Reichsvereinigung der Juden in Deutschland getragenen Schulen, seit Herbst 1938 die einzigen Bildungs-
stätten für jüdische Kinder und Jugendliche.

Zu erwähnen sind noch die NS-Spezial- oder Eliteschulen,
auch wenn sie quantitativ nicht ins Gewicht fielen. Immerhin
lässt sich ihre Existenz als weiterer Beleg eines nur geringen Ver-
trauens der NS-Führung in die Eignung des öffentlichen Schulwesens zur Indoktrination deuten. Zum einen sind hier zu nennen die seit 1936 unter Leitung der SS stehenden, zuletzt 39 «Na-
tionalpolitischen Erziehungsanstalten» (Napola), welche die
Aufgabe hatten, den Führungsnachwuchs des NS-Staates heran-
zubilden, und die Erziehungsgrundsätze des Nationalsozialismus durch lagermäßige Erziehung, ideologische Schulung, Sport
und paramilitärisches Training besonders rein verwirklichen
sollten. Auch wenn sie formell den höheren Schulen gleichge-
stellt waren, erreichten sie deren Niveau nicht. De facto wurden
die Napolas zu Nachwuchsschulen von SS und Wehrmacht. Mit
den der Partei unterstellten «Adolf-Hitler-Schulen» sollte dagegen der Führungsnachwuchs für die NSDAP und die HJ heran-
gezogen werden. Ab 1938 wurden sogar eigene Lehrkräfte für
diese Schulen ausgebildet, um so auch die letzten Verbindungen
zum allgemeinen Schulwesen zu kappen.

Die Schulfeindschaft der nationalsozialistischen Entschei-
dungsträger, aber auch ein bereits in den späten 1930er Jahren
immer spürbarer werdender Lehrermangel schlugen sich nicht
zuletzt in den reduzierten Ansprüchen an die Lehrerbildung nieder. Wo das der Fall gewesen war, wurde die Volksschullehrerbildung nicht länger mehr universitär betrieben, sondern einheitlich im Deutschen Reich in den so genannten «Hochschulen für

Lehrerbildung» durchgeführt. Ab 1941 wurde die Volksschullehrerausbildung an den nunmehr einfach «Lehrerbildungsanstalt» genannten Einrichtungen nach einem Volksschulabschluss
in einem fünfjährigen Ausbildungsgang, nach einem mittleren
Schulabschluss in einem nur noch dreijährigen Ausbildungsgang
und nach dem Abitur gar in einem einjährigen Kurs abgewickelt.
Im weiteren Verlauf des Krieges gab es sogar die Überlegung,
Volksschullehrer ohne jede Ausbildung unter kriegsversehrten
Unteroffizieren zu rekrutieren. Die Lehrerbildungsanstalten
wurden wieder, wie im 19. Jahrhundert die Seminare, internatsmäßig und nach Geschlechtern getrennt, aber nicht mehr kon-
fessionsverschieden geführt. Alle Lehramtsstudenten mussten
der HJ beitreten und in der Lehrerbildungsanstalt Uniform tragen. Selbst die angehenden Lehrkräfte der höheren Schulen sollten vor Aufnahme ihres wissenschaftlichen Studiums die Lehrerbildungsanstalt zwecks eindeutiger weltanschaulicher Ausrichtung durchlaufen, ein Vorhaben, das allerdings aufgrund des
Kriegsverlaufs nicht mehr realisiert wurde.

Die «alte» Bundesrepublik Deutschland

Für kurze Zeit hatte es nach 1945 den Anschein, als sei mit dem
Nazi-Regime in Deutschland auch das gegliederte Schulwesen
untergegangen. Nicht nur drängten die Alliierten auf eine
grundlegende Reform der Schule, der sie eine erhebliche Mit-
schuld an der Entstehung von Autoritätshörigkeit und Untertа-
nengeist gaben. Auch die wieder oder erstmals gegründeten Par-
teien, von der KPD – bzw. in der Sowjetischen Besatzungszone
(SBZ) der SED – über die SPD bis hin zur CDU, befürworteten
ein entkonfessionalisiertes, um ein oder zwei Schuljahre verlän-
gertes und integriertes Schulsystem. Tatsächlich sahen die Schul-
gesetzentwürfe, die in den auf Veranlassung der Alliierten entstandenen Ländern ab 1946 formuliert wurden, in der SBZ und
in Berlin die Einheitsschule, im Westen immerhin die Verlängerung der Grundschulzeit um mindestens zwei Jahre vor.
   In den westlichen Besatzungszonen kam es schließlich doch
zur Restauration des alten, gegliederten Schulwesens, vielerorts

sogar zur Wiedereinführung der Konfessionalität der Volksschule und, meist in den großen Städten, zur Aufrechterhaltung
der Geschlechtertrennung. Auch nach der Gründung der Bundesrepublik 1949 wurde die sechsjährige Grundschule (außer in
West-Berlin, wo sie erhalten blieb und an die Stelle der ursprünglich geplanten Einheitsschule trat) wieder auf vier Jahre
zurückgefahren. Dies hatte mehrere Gründe: Die Schwierig-
keiten des Anfangs in den vielfach zerstörten Städten, mit trau-
matisierten Kindern und einem überalterten Lehrkörper ließen
auf Jahre hinaus die Gewährleistung eines einigermaßen geregel-
ten Schulbetriebs wichtiger erscheinen als grundlegende Struk-
turreformen; das Interesse der Besatzungsmächte an einer weit-
greifenden Reform des Schulwesens erlosch bald, weil andere
Fragen, wie zum Beispiel im Zeichen des anhebenden Kalten
Krieges die Integration der entstehenden Bundesrepublik in
die antikommunistische Allianz, drängender wurden; der Umstand, dass in der SBZ die Einheitsschule verwirklicht worden
war, wirkte in den Westzonen eher abschreckend; die Rekonfes-
sionalisierung der Volksschule wurde als Aufhebung von NS-
Unrecht verstanden. Zu der von den westlichen Alliierten gefor-
derten Akademisierung auch der Volksschullehrerausbildung
kam es nur in Hamburg und Berlin. In allen anderen Ländern
der westlichen Besatzungszonen lebten Ausbildungsformen wieder auf, die sich entweder an der alten Seminartradition oder
an den Pädagogischen Akademien orientierten. Kurzum: In
der Schulpolitik dominierten schnell wieder die konservativen
Kräfte, und die neu gewählten Landtage und Landesregierungen
orientierten sich am Hergebrachten. Im Übrigen sorgte der während der gesamten 1950er Jahre anhaltende Zustrom junger
und gut ausgebildeter Menschen aus der DDR dafür, dass die
mangelnde Leistungsfähigkeit und relative Rückständigkeit des
westdeutschen Schulwesens nicht weiter auffielen. Das viel be-
staunte «Wirtschaftswunder» vollzog sich also auf der Basis
eines Schulwesens, das, verglichen mit den anderen Industrieländern des Westens, strukturell als reformresistent und, was
die Ausbildung gut qualifizierter Arbeitskräfte anbetrifft, als
keinesfalls bedarfsdeckend gelten musste.

Dennoch hat es auch in dieser Zeit der Restauration und Stagnation, wenn auch zaghafte Versuche gegeben, die westdeutsche Schule zu modernisieren. So regte 1955 der «Deutsche Ausschuss für das Erziehungs- und Bildungswesen», ein gemeinsam vom Bund und den Ländern berufenes Gremium der Bildungspolitikberatung, die Gründung von Pädagogischen Hochschulen (PH), wissenschaftlichen Einrichtungen zur Volksschullehrerausbildung, an, um damit die alte Seminarpraxis endgültig zu verabschieden; ein Vorschlag, der Zug um Zug in die Realität umgesetzt wurde. 1959 legte der Deutsche Ausschuss einen «Rahmenplan zur Umgestaltung und Vereinheitlichung des allgemeinbildenden öffentlichen Schulwesens» vor. In diesem Rahmenplan, der das dreigliedrige Schulsystem im Wesentlichen bestätigte, fand sich immerhin der Vorschlag, im Anschluss an die Grundschule eine zweijährige Förder- und Orientierungsstufe einzurichten und die Volksschule um zwei Jahre zu verlängern. Damit wollte man zwei besonders gravierende Problemstellen des westdeutschen Schulwesens zumindest entschärfen: die allzu frühe Selektion nach nur vier Schuljahren und die unterschiedlich langen Bildungsgänge in den verschiedenen Schularten. Wären diese Pläne verwirklicht worden, hätten Realschule und Volksschule jeweils einen zehnjährigen Bildungsgang umfasst, und es wäre leichter geworden, leistungsfähigen Volksschülern Zugang zu einem mittleren Schulabschluss zu verschaffen. Immerhin kam es in einigen Bundesländern zur Einrichtung von Orientierungsstufen. Außerdem wurde die Volksschule durchgängig um ein Schuljahr verlängert und kurz darauf die «Hauptschule», die Klassen 5 bis 9 der Volksschule umfassend, gewissermaßen als Volksschuloberstufe eingeführt.

Zu höchst kontroversen, ja teilweise geradezu erbittert geführten Debatten um die Zukunft des Bildungswesens kam es dann ab Mitte der 1960er Jahre. Nachdem 1964 ein Zeitungsbeitrag des Pädagogen, Religionsphilosophen und Mitglieds des Deutschen Ausschusses Georg Picht (1913–1982) über *Die deutsche Bildungskatastrophe* größtes Aufsehen erregt hatte, bestimmte die Klage über die Reformbedürftigkeit des bundesdeutschen Schulwesens die öffentlichen Diskurse. «Bis zum ersten Weltkrieg beruhten die politische Stellung Deutschlands, seine wirtschaftliche Blüte und die Entfaltung seiner Industrie auf seinem damals modernen Schulsystem und auf den Leistungen einer Wissenschaft, die Weltgeltung erlangt hatte.» Jetzt aber, schrieb Picht, sei «dieses Kapital verbraucht». Immer drängender wurde die Sorge, im Wettstreit mit den anderen führenden Industrieländern zurückzufallen und damit den erreichten wirtschaftlichen Wohlstand auf Dauer nicht halten zu können, würde es nicht gelingen, mehr Bildung und Qualifikation zu erreichen, das heißt die Zahl gut ausgebildeter junger Menschen deutlich zu erhöhen. Von der dringend notwendigen «Mobilisierung der Begabungsreserven» und einer gründlichen Reform des Bildungswesens war nun die Rede. Außerdem war nach dem Mauerbau 1961 die bisher verlässliche Zuwanderung junger Menschen aus der DDR zum Erliegen gekommen. Als bewegende Kraft erwiesen sich schließlich auch die an den Universitäten aufbegehrenden Studenten mit ihrer Forderung nach mehr Demokratie und sozialer Gerechtigkeit, die im bestehenden Bildungswesen zu kurz kämen.

Vor diesem Hintergrund war schon im Jahre 1965 als Nachfolgeeinrichtung des Deutschen Ausschusses für das Erziehungs- und Bildungswesen der «Deutsche Bildungsrat» ins Leben gerufen, mit Bildungspraktikern, Bildungspolitikern, Wissenschaftlern und Schulverwaltungsleuten besetzt und beauftragt worden, Vorschläge zur Verbesserung des Bildungswesens zu erarbeiten. Seine Reformvorschläge hat der Bildungsrat 1970 im «Strukturplan für das Bildungswesen» publik gemacht, einem Zentraldokument der Reform. Vorgeschlagen hat der Deutsche Bildungsrat unter anderem: Anstelle des vertikal gegliederten Schulsystems solle ein horizontal vom Elementarbereich über den Primarbereich und die zwei Sekundarbereiche bis hin zur Hochschule gestuftes Bildungswesen errichtet werden; schon im Kindergarten solle Schulvorbereitung getrieben werden, vor allem Kindern aus sozial benachteiligten Bevölkerungsschichten solle gezielt geholfen werden (Stichwort: «Chancengleichheit»); über die Vorverlegung der Schulpflicht auf das fünfte Lebensjahr solle nachgedacht, mindestens aber das letzte Kindergartenjahr verpflichtend und konsequent zur Vor-Schule ausgebaut werden; als neue Schulform solle die «Integrierte Gesamtschule» als Modellschule eingeführt und erprobt werden; die Unterrichtsinhalte in allen Schularten sollten verwissenschaftlicht werden; bisher vernachlässigte Formen des Lernens, wie forschendes und soziales Lernen, sollten gefördert werden; es sollten Versuche zur Integration von beruflicher und allgemeiner Bildung unternommen werden; ganz allgemein sollten mehr Kinder zu höheren Bildungsabschlüssen geführt werden – dies nicht zuletzt dadurch, dass die Benachteiligung von Mädchen im Blick auf deren Zugang zu höherer Bildung beendet würde. Allen Vorschlägen gemeinsam war das Bemühen um eine größtmögliche Ausschöpfung aller Begabungsreserven. Die Psychologie und die Erziehungswissenschaft vertraten einen dynamischen Begabungsbegriff, statt von der «Begabung» sprach man lieber von «begaben». Wie kaum jemals zuvor diente das Ausland gleichermaßen als Ideengeber wie auch als Argument in den internen Auseinandersetzungen. So wurde zum Beispiel auf die Integrierten Gesamtschulen in den skandinavischen Ländern verwiesen, die enge Zusammenarbeit von *école maternelle* und Primarschule in Frankreich registriert, und es wurden die angelsächsischen Erkenntnisse über den Zusammenhang von Sozialschicht und Schulerfolg rezipiert.

Längst nicht alles jedoch, was der Bildungsrat propagiert hatte, ist auch verwirklicht worden. Angesichts der hoch gespannten Erwartungen haben manche Beobachter in der Rückschau sogar von einem Misslingen oder gar Scheitern gesprochen. Weder konnte das gegliederte Schulwesen überwunden werden noch ist es sozial gerechter geworden. Nicht einmal die flächendeckende Einführung der Gesamtschule als vierter Schulart im Sekundarbereich gelang; sie ist am politischen Widerstand der CDU/CSU-regierten Bundesländer gescheitert: 1990 haben nur sieben Prozent der Siebtklässler eine Gesamtschule besucht. Während ihre Verfechter vielfach glaubten, in der Gesamtschule ein Allheilmittel für alle Probleme gefunden zu haben, sahen ihre Gegner sie ebenso unzutreffend als einen Versuch der «sozialistischen Gleichmacherei». Wo Gesamtschulen

in namhafter Zahl vorhanden waren, wurden sie von leistungs-
starken Schülern und deren bildungsinteressierten Eltern gemie-
den und hatten so nie eine wirkliche Chance in der Konkurrenz
gegen Gymnasium und Realschule.

Einiges haben die Reformdebatten aber doch bewirken können: An die Stelle der alten Lehrpläne traten in allen Schularten
Curricula, die über die Vorgabe von Lernzielen, zeitgemäße Methoden und den Einsatz von Medien den Unterricht durchgrei-
fend modernisiert haben. Die Curricula der verschiedenen
Schularten im Sekundarbereich wurden einander ähnlicher gemacht, so dass ein Wechsel zwischen den Schularten leichter
wurde. In die Hauptschule sind mit der Arbeitslehre und dem
Fremdsprachenunterricht ganz neue Fächer eingeführt worden.
Die gymnasiale Oberstufe wurde reformiert und dabei den Nei-
gungen und Begabungen der Jugendlichen mehr Raum gegeben.
Es ist zur Einführung beruflicher Gymnasien gekommen. Ebenfalls neu eingeführt wurde die Fachoberschule, die nach Erreichen eines mittleren Bildungsabschlusses auf den Fachhoch-
schulbesuch (ebenfalls neu im Hochschulbereich) vorbereitet.
Durch die Integration der Pädagogischen Hochschulen in die
Universitäten ist die Akademisierung der Lehrerbildung vollendet worden. Gegenwärtig existieren allein noch in Baden-Württemberg Pädagogische Hochschulen, die aber ebenfalls den
Status wissenschaftlicher Hochschulen besitzen. Schulen begann-
nen, sich auf die Entwicklungsbedürfnisse ihrer Schüler(innen)
einzustellen, sich zu kind- und jugendgerechten Lebensräumen
umzugestalten und zur Organisation extracurricularer Ange-
bote Schulsozialarbeiter einzusetzen. Vor allem aber sind die
geschlechtsspezifischen Benachteiligungen völlig verschwunden
bzw. haben sich bis heute tendenziell sogar umgekehrt: im Jahr
2000 betrug der Anteil der Mädchen in der gymnasialen Oberstufe sechsundfünfzig Prozent. Der Frauenanteil unter den Lehrkräften hat bis in die 1980er Jahre hinein (mit schulartspezi-
fischen Unterschieden) die Fünfzigprozentmarke überschritten.
Die noch bis in die späten 1960er Jahre hinein zahlreich vor-
kommenden höheren Mädchenschulen stellten auf Koedukation um. Nichtkoedukative Schulen sind seither praktisch eine

Domäne des konfessionellen Privatschulwesens. Sucht man heute nach den Problemgruppen des deutschen Schulwesens, so stößt man nicht mehr auf die Mädchen, sondern vor allem auf die leistungsschwachen Jungen in den Haupt- und Sonderschulen.

Als eine langfristig besonders wirksame Folge der Diskussionen und der Maßnahmen zur Bildungsreform in diesem Jahrzehnt sollte sich die nach dem kurzzeitigen Einbruch in der NS-Zeit wieder stark steigende Bildungsbeteiligung weiter Kreise der Bevölkerung erweisen. Die Qualifikationsoffensive der 1960er und 1970er Jahre ist durchaus erfolgreich gewesen. Übrigens war das nicht nur in Deutschland, sondern ebenso in zahlreichen anderen europäischen Ländern der Fall, wo es zu dieser Zeit vergleichbare Diskussionen um die Modernisierung der Schule gegeben hat, die dort allerdings durchwegs zur Ablösung der alten, selektiven zugunsten integrativer Schulsysteme mit einer langen gemeinsamen Schulzeit für alle Kinder und Jugendlichen geführt haben. Auch in Deutschland wurden, wo es sie gab, die gerade entstandenen Gesamtschulen zum Bildungsaufstieg genutzt. Aber auch und gerade Realschule und Gymnasium öffneten sich neuen Schülergruppen. Binnen zweier Jahrzehnte haben Realschule und Gymnasium ihre Schülerzahlen verdreifacht. Längst wünschen sich Eltern für ihre Kinder mindestens einen mittleren Bildungsabschluss. Umgekehrt tat sich die Hauptschule immer schwerer. Die Übertrittsquoten, die in den 1950er Jahren noch bei nahezu achtzig Prozent gelegen hatten, begannen zu sinken. Zwischen 1965 und 1985 verlor die Hauptschule zwei Drittel ihrer Schülerschaft. In manchen Großstädten begann der Abstieg der Hauptschule zu kaum mehr denn einem Auffangbecken für eine problembeladene Schülerpopulation. Zudem ist die Hauptschule die einzige Schulart gewesen, die durch die Einrichtung von Gesamtschulen Nachteile erlitten hat. Wo immer die Möglichkeit dazu bestand, haben Eltern ihre Kinder wenigstens in eine Gesamtschule geschickt, so dass die Hauptschule in Konkurrenz zur Gesamtschule vollends zur Restschule geworden ist. Selbst in den von der CDU/CSU regierten Bundesländern, die die Hauptschule und damit das dreigegliederte Schulsystem aus politischen Gründen stützen, kann dies nur durch die Anfügung eines zehnten Schuljahres geschehen, das nach erfolgreich absolvierter Abschlussprüfung ebenfalls einen mittleren Schulabschluss verleiht.

Tatsächlich bringt die postindustrielle Wissens- und Dienstleistungsgesellschaft im Blick auf die Arbeitsplatzstruktur ständig wachsende Qualifikationsanforderungen mit sich, und subjektiv sehen sich viele Menschen in einem zunehmend global geführten Kampf um Arbeit mit einer guten schulischen Ausbildung im Rücken besser gewappnet. Das bedeutet: Die objektive und die subjektive Bedeutung der Schullaufbahn haben sich seit den letzten beiden Jahrzehnten des 20. Jahrhunderts in jeder Hinsicht erhöht. Und das schlägt sich in einer stetig verlängerten Beschulungsdauer nieder: Schulzeit und Jugendzeit fallen seit den 1980er Jahren weitgehend zusammen. Waren es in den 1950er Jahren erst fünfzehn Prozent der Sechzehnjährigen, die eine allgemeinbildende Vollzeitschule besucht haben, so waren es 1960 bereits zwanzig Prozent und zwanzig Jahre später fast alle Angehörigen dieser Altersgruppe. Und das Alter der Schüler wächst weiter, wenn es auch in allerjüngster Vergangenheit durch die Verkürzung der gymnasialen Schulzeit eine gewisse Gegenbewegung gibt.

Für fast alle Jugendlichen hat sich Schule auf diese Weise im Laufe der Zeit von einem biographisch gesehen eher peripheren zu einem zentralen Bestandteil ihres Lebens entwickelt. Was hier im historischen Maßstab seit dem frühen 19. Jahrhundert einen Gipfelpunkt erreicht hat, das ist nach der Verschulung der Kindheit nunmehr die Verschulung der Jugend.

In den 1980er Jahren rückte, nachdem sich eine grundlegende Systemreform, wie sie der Deutsche Bildungsrat angestrebt hatte, als undurchführbar erwiesen hatte, im Sinne einer Basisbewegung die einzelne Schule in den Mittelpunkt. Vielerorts wurde die historische Reformpädagogik der 1920er Jahre als anregungsreicher Fundus an Ideen rezipiert. Hier schienen Wege vorgebahnt, die es jetzt wieder zu entdecken und sich anzueignen galt. In diesem Sinne begannen immer häufiger Schulen, ihren Unterricht nach Wochenplänen, in denen die Schüler ihr

Moderner Frontalunterricht: Auf dem Gemälde von Peter Tillberg «Wirst Du wohl mal Nutzen bringen, Kleiner?» von 1971/72 ist der Raum so funktional wie möglich. Der Lehrer hat jeden Schüler im Blick. Stockholm, Moderna Museet

persönliches Lernprogramm zusammenstellen konnten, zu organisieren; die Projektmethode fand erneut Eingang ins didaktische Repertoire; Schuldruckereien und Lernateliers nach dem Vorbild des französischen Reformpädagogen Celestin Freinet (1896–1966) wurden eingerichtet usw. «Öffnung der Schule» war ein viel benutztes Schlagwort, um die Stoßrichtung dieses Denkens auf einen Begriff zu bringen. Die Schule sollte nicht mehr bloß Unterrichtsanstalt sein, sondern zu einem lebendigen Ort des Austauschs mit dem Umfeld werden, das sie als Ressource, als Ergänzung und Erweiterung der eigenen Möglichkeiten begreifen sollte.

Zuerst die Grundschulen, dann auch die Gesamtschulen wurden zu Vorreitern eines lebendigen, schülernahen Unterrichts. Aber auch die Hauptschulen mussten sich etwas einfallen lassen, um den Abwärtssog, in den sie geraten waren, abzubremsen. Selbst die Gymnasien konnten sich der Einsicht nicht länger

verschließen, ihrer quantitativ gewachsenen und damit heterogener gewordenen Schülerschaft mehr als die klassische, inzwischen reichlich verstaubte Gymnasialpädagogik bieten zu
müssen. Der Gymnasiallehrer, Ende des 19. Jahrhunderts auf
die Rolle des fachlich kompetenten Unterrichtsbeamten reduziert, sollte sich wieder mehr auf seine erzieherischen Aufgaben
besinnen. Entscheidend war, dass die scholastischen Routinen
aufgebrochen wurden, Freiräume, die individuelles Handeln ermöglichten, entstanden, so dass die gefundenen Lösungen der
jeweiligen Lage vor Ort angemessen waren.

Die Entdeckung des «Schullebens» als der Summe aller außer-
curricularen Aktivitäten einer Schule in seiner Bedeutung für
das Schulklima und den Lernerfolg der Schüler war in den
1970er Jahren noch ein vereinzeltes Phänomen. Nun jedoch
kam es zu einer Fülle von Initiativen: Projektwochen, Sport-
Arbeitsgemeinschaften, Schülerfreizeiten, Musikwochenenden,
Theateraufführungen, soziales Engagement und vieles mehr
wurde in allen Schularten zum Standardangebot immer zahl-
reicherer, darunter gerade der besten Schulen.

Was eine in diesem Sinne «gute Schule» von einer weniger guten unterscheidet – eben genau diese Aspekte, darüber hinaus
ein agiles und pädagogisch engagiertes Lehrerkollegium –, ist
von der Schulforschung auch empirisch greifbar gemacht worden. Auslöser derartiger Forschungen sind übrigens Schulstu-
dien aus den 1970er Jahren gewesen, die das gegliederte Schulwesen mit der Gesamtschule hatten vergleichen wollen und dabei zu der verblüffenden Erkenntnis gekommen waren, dass die
Leistungsunterschiede von Schülern aus Schulen desselben Typs
größer sein konnten als die zwischen Schülern aus Schulen un-
terschiedlicher Schularten. Das bis dahin vorherrschende und
für Deutschland typische Bild einer durch staatlichen Zugriff
seit dem 19. Jahrhundert geformten, relativ homogenen Schullandschaft und einer die Vorgaben der Schulbürokratie gleich-
förmig abarbeitenden Schule entsprach, wie sich zeigte, nur begrenzt der Wirklichkeit und musste relativiert werden. Man begann die Unterschiede, wie sie zwischen den einzelnen Schulen
hinsichtlich Schulleben, Lernklima usw. ganz offenkundig be-

standen, aufmerksam wahrzunehmen und erkannte diese Vielfalt als notwendige Bedingung des Gelingens jeder Schulreform ‹von unten›. Basisnahe Veränderungsstrategien wurden ersonnen, Schlagwörter wie «School-Improvement» (was auf den internationalen Charakter dieser Bewegung hinweist), «schulinterne Lehrerfortbildung» und ähnliches mehr gerieten auf die Agenda nicht zuletzt der staatlichen Schulverwaltung, die ihr Aufgabenverständnis von einer anordnend-beaufsichtigenden zu einer beratend-unterstützenden Instanz modifizierte.

Deutsche Demokratische Republik

Bereits 1946 wurde in der damaligen SBZ an Stelle des gegliederten Schulwesens die achtjährige Einheitsschule als Pflichtschule für alle Kinder und Jugendlichen eingeführt. Das traditionelle Schulwesen als Reproduktionsagentur der bürgerlichen Gesellschaft sollte der Vergangenheit angehören. Bildung sollte «demokratisiert» werden, wie es in dem einschlägigen Gesetz hieß. Von der restaurativen Schulpolitik in den Westzonen wollte man sich deutlich absetzen. Außerdem standen die sowjetische Schule und die alten Einheitsschulideen der Arbeiterbewegung Pate, was übrigens auch in den anderen osteuropäischen Ländern dafür sorgte, dass nach der Machtübernahme der Kommunisten dort die selektiven Schulsysteme der Vorkriegszeit ausnahmslos verschwanden. Nationalsozialistisch belastete, vielfach allerdings auch kirchlich engagierte oder einfach bürgerlicher Einstellungen verdächtige Lehrkräfte wurden noch vor Gründung der DDR aus dem Schuldienst entfernt bzw. gar nicht erst in diesen übernommen. Die Schulverwaltung wurde, jedenfalls an ihren entscheidenden Stellen, mit SED-Kadern besetzt.

Eine auf die Einheitsschule aufbauende vierjährige Oberschule führte in einem mathematisch-naturwissenschaftlichen, einem neusprachlichen und einem altsprachlichen Zweig zum Abitur. Daneben bestand die Möglichkeit, nach einer praktischen Berufsausbildung mit anschließender Berufstätigkeit über spezielle Vorkurse an den so genannten «Arbeiter- und Bauernfakultäten» der Universitäten ohne Abitur zum Studium zugelassen zu werden. Das war eine Maßnahme, mit deren Hilfe es tatsächlich gelang, die Quote der Studienberechtigten erheblich über das bisher übliche Maß hinaus anzuheben und in nicht geringem Umfang Menschen bildungsferner Bevölkerungsschichten eine qualifizierte Ausbildung zuteil werden zu lassen. 1959 wurde die bestehende Einheitsschule um zwei Jahre aufgestockt und in «Allgemeine Polytechnische Oberschule» (POS) umbenannt. Zu seiner endgültigen Gestalt fand das Schulsystem der DDR dann 1965 im «Gesetz über das einheitliche sozialistische Bildungssystem», ein Gesetz, welches das gesamte Bildungswesen vom Kindergarten bis hinauf zur Universität und zu den Einrichtungen der Erwachsenenbildung systematisch geordnet hat. So gerüstet hoffte die DDR-Führung, den Systemwettlauf mit dem Westen bestehen und sogar für sich entscheiden zu können.

Den Kern des sozialistischen Bildungssystems bildete als zehnjährige Einheitsschule die erwähnte POS. Mit dem Stichwort «Oberschule» sollte zum Ausdruck gebracht werden, dass die in dieser Schule vermittelte Bildung über das hinausgehe, was die Masse der Kinder und Jugendlichen in Westdeutschland an Bildung erfuhren, vor allem aber über das, was die Volksschule traditionellerweise vermittelt hatte. Der Begriff «polytechnisch» dagegen verwies auf das Anliegen, im Rahmen praktischer Arbeit in den Betrieben und in einem darauf bezogenen Unterricht die Schüler mit der Arbeitswelt bekannt zu machen, sie über die Bedingungen und die wissenschaftlichen Hintergründe der «sozialistischen Produktion» aufzuklären und ihnen Achtung vor den Leistungen der Werktätigen einzuflößen. Dies war eine Idee, die auf entsprechende Anregungen Karl Marx' zurückging und in ähnlicher Weise auch in den anderen sozialistischen Ländern praktiziert wurde. Kritiker des polytechnischen Unterrichts haben allerdings bemängelt, Bildung habe dabei weniger im Vordergrund gestanden, vielmehr seien die Jugendlichen einfach als billige Arbeitskräfte benutzt worden. Dennoch haben auch die schärfsten Kritiker nicht geleugnet, dass die Tage in der Produktion wertvolle Erfahrungen vermittelt und zu den positiven Aspekten des Schulalltags in der DDR gehört haben.

An die Unterstufe der POS (Klassen 1 bis 4) waren Horte angegliedert, die von fast allen Kindern besucht wurden. Die Quote der erwerbstätigen Mütter lag in der DDR, die während ihrer gesamten Existenz unter einem Mangel an Arbeitskräften litt, bei über neunzig Prozent. Die Kinder bedurften also der Betreuung, was nicht nur zur flächendeckenden Einführung von Krippen und Kindergärten, sondern eben auch zu dem angesprochenen Hortwesen geführt hat.

Nach der zehnjährigen Pflichtschule, deren Besuch durch eine zentrale Prüfung abgeschlossen wurde, durfte, wer ein scharfes Ausleseverfahren überstanden hatte, in dem Schulleistungen und «gesellschaftliches Engagement», das heißt die politische Zuverlässigkeit und das Engagement in der «Freien Deutschen Jugend» (FDJ), überprüft wurden, auf die «Erweiterte Oberschule» (EOS) wechseln, um dort nach zwei Jahren Unterricht das Abitur abzulegen. Diese kleine Gruppe privilegierter Schüler(innen), durchschnittlich weniger als zehn Prozent eines Jahrgangs, darunter von Anfang an ebenso viele Mädchen wie Jungen, fasste man, gewissermaßen unter Bruch des Prinzips der Einheitsschule, ab der 9. Klasse der POS in Spezialklassen zusammen, um sie gezielt auf den Besuch der EOS vorbereiten zu können. Nach wie vor gab es aber noch den zweiten Weg zum Abitur, nämlich nach Abschluss der POS über eine dreijährige praktische Berufsausbildung mit begleitendem Unterricht.

Zu erwähnen sind schließlich noch die auch aus den anderen sozialistischen Ländern bekannten Spezialschulen, die ebenfalls das Einheitsschulsystem der DDR durchbrachen, selbst wenn sie nur für eine kleine Minderheit der Jugendlichen (rund drei Prozent) vorgesehen waren. In diesen Schulen sollten Jugendliche mit besonderen Begabungen und herausragenden Leistungen auf einzelnen Feldern von anerkannter gesellschaftlicher Relevanz gefördert werden. In diesem Sinne wurden Spezialschulen für Sport, Mathematik, Fremdsprachen, Technik und Kunst als regelrechte Talentschmieden eingerichtet.

Das Bildungssystem der DDR, das ein rein staatliches war und keine privaten, etwa kirchlich getragenen Einrichtungen kannte, war, wie auch die Wirtschaft, ein von Plänen bestimmtes und hochgradig gesteuertes System. Nicht nur die Zugänge zum Abitur, sondern nach dem Abitur auch die Zulassung zur Universität und dort zu den einzelnen Fachrichtungen folgte bestimmten Quoten, die nach Maßgabe des «gesellschaftlichen», sprich: des ökonomischen Bedarfs festgelegt wurden. In der Folge sind beispielsweise die Übertrittsquoten in die EOS, aber auch die Möglichkeit, über eine Berufsausbildung ohne Abitur an die Universität zu kommen, immer wieder quantitativen Schwankungen unterworfen gewesen. Der freie Wille des Einzelnen konnte in diesem System nur dann zur Geltung kommen, wenn sich das jeweilige Einzelinteresse mit den Planvorgaben deckte und der Betreffende die richtige politische Einstellung hatte erkennen lassen.

Zentral gesteuert war auch der Unterricht, und zwar durch ein detailliert ausgearbeitetes Lehrplanwerk, das neben den Stoffplänen, den Lernzielen und den Unterrichtsmitteln auch methodische Vorgaben enthielt und sogar Details der materiellen Schulausstattung vorschrieb. Nichts sollte dem Zufall überlassen bleiben; dies führte zu einer großen Uniformität des Schulwesens. Egal, wo man sich aufhielt, Schule sah in der DDR bis in Äußerlichkeiten hinein immer annähernd gleich aus. Im Hinblick auf die westdeutschen Lehrpläne fallen ein paar Fächer auf, die es in bundesdeutschen Schulen nicht gegeben hat: Russisch als erste Fremdsprache, Schulgartenunterricht, Wehrerziehung und der beschriebene polytechnische Unterricht. Ähnlich wie in der Bundesrepublik lag der Unterricht in der Unterstufe in der Hand des Klassenlehrers und wurde erst ab der 5. Klasse nach dem Fachlehrerprinzip erteilt.

Die in einem einheitsschulisch organisierten System ohne äußere Differenzierung unvermeidlichen deutlichen Leistungsunterschiede zwischen den Schülern in einer Klasse sollten im Rahmen des Klassenverbandes aufgefangen werden, ja, sie galten sogar, jedenfalls in der Theorie, als durchaus willkommen. Wie es dazu in einer DDR-Quelle heißt: «Die Schulklasse ist für uns als Kollektiv Abbild der sozialistischen Gesellschaft, sie ist Lerngemeinschaft und Entwicklungsbedingung sozialistischer Persönlichkeiten. In einem solchen Kollektiv auftretende individuelle Unterschiede betrachten wir nicht einseitig als ‹Störgröße› eines einheitlichen Lernprozesses, sondern auch als positive Gegebenheiten, die für die allseitige Entwicklung der Schüler genutzt werden können.» So waren zum Beispiel, um das Sitzenbleiben zu vermeiden, die Pionier- bzw. die FDJ-Gruppen der Klassen aufgerufen, sich um schwächere Mitschüler zu kümmern. Wenn leistungsschwächere Schüler dennoch drohten, das Ziel der POS zu verfehlen, hatten sie die Möglichkeit, bereits nach der 8. Klasse in eine verlängerte und auf bestimmte Berufe beschränkte praktische Berufsausbildung überzuwechseln. Das konnte immerhin bis zu einem Fünftel aller Schüler eines Jahrgangs betreffen, von denen wiederum ein gewisser Teil sogar ohne jeden formellen Abschluss die Schule verließ. Dank der in der DDR bestehenden Berufsausbildungspflicht blieb jedoch niemand ohne berufliche Ausbildung.

Zu den Besonderheiten der DDR-Schule gehörte – wie an der Unterstützung leistungsschwacher Schüler im Klassenverband bereits erkennbar geworden ist – die enge Zusammenarbeit mit den Institutionen der außerschulischen Erziehung, denen in Gestalt der «Jungen Pioniere» bzw. der FDJ die allermeisten Jugendlichen angehörten. Für autoritäre Regime ist typisch, dass sie ein Gutteil der Erziehungs- und Sozialisationsleistungen weder der Schule noch gar der Familie überlassen, sondern diese staatsnahen Organisationen überantworten. Das war auf extreme Weise im Nationalsozialismus der Fall. Und auch in der DDR spielte die Parteijugend als nebenschulische Erziehungsmacht eine große Rolle. Schule und FDJ waren über zahlreiche Arbeitsgemeinschaften und die Sommerferienlager, Maßnahmen, in denen schulische Arbeit und Freizeitgestaltung ineinander übergingen, verbunden. Enge Beziehungen unterhielten die Schulen auch zu Industriebetrieben und der Nationalen Volksarmee. Schon in den Kindergärten gab es wechselseitige Besuche von Kindergruppen in Betrieben und Arbeiterbrigaden in Kindergärten. In der Schule hat sich das dann nahtlos fortgesetzt. Auf diese Weise Schule und «Leben» einander näher zu bringen, ist der DDR-Schule zweifellos gelungen.

Die Lehrerausbildung wurde im Lauf der Jahrzehnte mehr-

fach umorganisiert. Zunächst wurden, der Einrichtung der Einheitsschule folgend, alle Lehrer an der Universität ausgebildet.
Wer den sozialständischen Charakter des Schulwesens bekämp-
fen wollte, der musste dies auf allen Ebenen und somit auch in
der Lehrerbildung tun.

Schon 1950 jedoch wurde umgestellt. Jetzt wurden die Lehrer für die Unterstufe (Klassen 1 bis 4) an den im Range von
Fachschulen neu gegründeten «Instituten für Lehrerbildung»
ausgebildet. Die Lehrer(innen) für die Klassen 5 bis 8 studierten
an den so genannten «Pädagogischen Instituten». Nur die Leh-
rer(innen) der Klassen 9 bis 12 kamen in den Genuss einer universitären Ausbildung.

1959 erfolgte die nächste Umstrukturierung. Das dreigegliederte Lehrerbildungssystem wurde in ein zweigegliedertes über-
führt: Die Aspirant(inn)en des Unterstufenlehramts, die nun
nicht mehr das Abitur, sondern nur noch die erfolgreich absol-
vierte POS nachweisen mussten, wurden an den Instituten für
Lehrerbildung so ausgebildet, dass sie notfalls auch im Hort-
bereich eingesetzt werden konnten. An den Universitäten oder
den aus den Pädagogischen Instituten hervorgegangenen Pädagogischen Hochschulen erlernten nunmehr alle Lehrkräfte ab
Klassenstufe 5 in einem fünfjährigen Ausbildungsgang und in
zwei Fächern (einschließlich eines allgemeinen Grundlagen-
studiums in Marxismus-Leninismus) ihren Beruf des Diplom-
Lehrers. Interessant ist, dass statt der Ausbildung im zweiten
Unterrichtsfach auch eine Ausbildung zum so genannten Freund-
schaftspionierleiter möglich war, also zum Leiter der Pionier-
organisation einer Schule. Das für die DDR-Schule allgemein
typische enge Miteinander von schulischer und außerschulischer
nichtfamilialer Erziehung konnte sogar in der Person des Lehrers seinen sichtbaren Ausdruck finden. Davon abgesehen hatten alle Lehrer ein Minimum an politisch-pädagogischer Tätigkeit im Rahmen der Jungen Pioniere bzw. der FDJ abzuleis-
ten. Hinzu kamen noch die Sommerferienlager, die von den
Lehramtsstudierenden zu organisieren und für die Schüler
durchzuführen waren. Ein alles in allem von einem vergleichsweise engen Praxisbezug gekennzeichnetes Studium, das des-

halb auf ein Referendariat verzichten konnte und die Junglehrer gleich nach Abschluss ihres Studiums in die Schulpraxis
entließ.

Schule in den neuen Bundesländern

Im Jahr nach ihrem Beitritt zur Bundesrepublik schufen 1991
die auf dem Gebiet der DDR entstandenen neuen Bundesländer
die rechtlichen Voraussetzungen zur Übernahme des westdeutschen Schulsystems. Eine ernsthafte Diskussion um die Vor- und
Nachteile des Schulsystems der DDR hat es dabei nicht gegeben.
Unter den ehemaligen Bürgern der DDR galt dieses Schulsystem
als diskreditiert. Die restriktive und autoritative Steuerung des
Zugangs zum Abitur beispielsweise passte tatsächlich nicht in
eine demokratische Gesellschaft. Ob anderes, zum Beispiel der
weit verbreitete Schulhort und der Gedanke der Integration,
nicht vielleicht doch erhaltenswert gewesen wäre, wird heute
sicher anders beurteilt als in den bewegten Jahren der Wende-
zeit.

Was entstand, war freilich keineswegs eine genaue Kopie des
westdeutschen Modells. Vielmehr bildete sich in den neuen
Bundesländern eine durchaus eigenständige Strukturform des
Schulwesens heraus. In Sachsen, Sachsen-Anhalt und Thüringen
kam es unter den verschiedensten Bezeichnungen zur Zusam-
menfassung der Hauptschule und der Realschule unter einem
Dach mit der Möglichkeit zur Führung getrennter Züge oder
integrierter Klassen. In Brandenburg wurde im Vorgriff auf
einen möglichen Zusammenschluss mit Berlin die sechsjährige
Grundschule eingeführt, darauf aufbauend Realschule, Gymnasium und Gesamtschule, die dort mit über fünfzig Prozent Be-
suchsquote eine außergewöhnlich starke Stellung besitzt. In
Mecklenburg-Vorpommern finden wir Hauptschule, Realschule
und Gymnasium sowie Verbundformen aus allen dreien. Es
werden also in allen neuen Bundesländern im Sekundarbereich
zumindest teilintegrierte Lösungen praktiziert. Damit ist im
Grunde die Zweigliedrigkeit des Schulwesens hergestellt. Eine
einfache Übernahme des dreigliedrigen Systems wäre in den
neuen Bundesländern kaum möglich gewesen, war doch durch

die jahrzehntelange Praxis der POS der mittlere Abschluss nach zehn Schuljahren als Mindestniveau der Grundbildung im Bewusstsein der Bevölkerung noch mehr verankert als im Westen. Außerdem sind die neuen Bundesländer vergleichsweise dünn besiedelt und dürften in Zukunft vermutlich weiter an Bewohnern verlieren. Unter dieser Bedingung wäre ein dreigliedriges Schulsystem zu teuer und zu unflexibel gewesen.

Zumindest eines hat sich aus DDR-Zeiten herübergerettet: Die im Folgenden noch genauer vorzustellende PISA-Untersuchung hat gezeigt, dass eines der großen Probleme des deutschen Schulwesens, der enge Zusammenhang von sozialer Herkunft und Schulbesuch, in den neuen Bundesländern nicht in der auffälligen Weise gegeben ist wie in den Ländern der alten Bundesrepublik. Freilich dürfte dieser vergleichsweise egalitäre Grundzug der Schule in den neuen Ländern weniger ein Effekt der Schule selbst als vielmehr der ausgeglicheneren Sozialstruktur der Bevölkerung sein. Sollte diese Vermutung zutreffen, dürfte sich mit der heterogener werdenden Sozialstruktur in den neuen Bundesländern auch im Blick auf die soziale Selektivität des Schulwesens langfristig eine Angleichung der Verhältnisse in Ost und West ergeben.

Schule im neuen Jahrtausend:
PISA, IGLU und die Folgen

Lässt man die allgemeine Entwicklung des Schulwesens in Deutschland seit den 1990er Jahren Revue passieren, fallen hier die verschiedenartigsten Themen ins Auge.

So könnte man zum Beispiel auf den immer noch aktuellen Gender-Diskurs zu sprechen kommen und in diesem Zusammenhang über das erstaunliche Phänomen berichten, dass sich die erst in den 1960er Jahren in (West-)Deutschland vollständig, zuletzt im höheren Schulwesen, durchgesetzte Koedukation, lange ein unbezweifeltes Zeichen des Fortschritts, unerwarteter Kritik ausgesetzt sah. Inzwischen hat nämlich die Beobachtung ausgeprägt geschlechtsspezifischer Vorlieben für bestimmte Unterrichtsfächer, die nachweislich sogar das spätere Studienwahlverhalten einseitig prägen können, zu der Erkenntnis geführt, dass koedukativer Unterricht den Mädchen nicht nur Vorteile gebracht hat. Insbesondere in den naturwissenschaftlichen Schulfächern scheint koedukativer Unterricht den Effekt zu haben, dass Mädchen sich im Lernen eher behindert als gefördert fühlen. Hinzu kommt, dass seit der Abschaffung der letzten staatlichen Mädchenschulen weniger Frauen in schulischen Leitungsfunktionen vorkommen und den Mädchen deshalb weibliche Vorbilder und Identifikationsmöglichkeiten fehlen. Modellversuche mit geschlechtergetrenntem Unterricht haben allerdings bislang keine wirklich überzeugenden Ergebnisse gebracht.

Man könnte auch den Trend zur Ganztagsschule thematisieren. Aufgrund der geänderten Familienerziehung rückt die Schule als Ganztageseinrichtung – in den meisten europäischen Ländern längst Standard – immer mehr in den Vordergrund und wird inzwischen auch politisch gefördert. Die Halbtagsschule setzt am Nachmittag die elterliche, das heißt in der Regel die mütterliche, oder die großelterliche Betreuung der Kinder voraus. Je häufiger die Mütter aber einer Berufstätigkeit außer Hauses nachgingen, desto brüchiger wurde dieses Modell. Der Anteil berufstätiger Mütter hat seit Beginn der 1990er Jahre stetig zugenommen, der der Dreigenerationenhaushalte – und somit die Möglichkeit, über die Großeltern als Betreuungspersonen verfügen zu können – ist hingegen gesunken.

Im Folgenden soll nun allerdings ein anderes Thema vertieft werden: Die lange übersehene, in den 1980er Jahren aber für die Schulentwicklung zentral gewordene faktische Heterogenität des Schulwesens ist in den 1990er Jahren weiter gewachsen. Bedingt durch den Geburtenrückgang hat mancherorts ein regelrechter Konkurrenzkampf um Schüler eingesetzt, der die betroffenen Schulen gezwungen hat, sich um ein unverwechselbares, attraktives Profil zu bemühen. Zudem hat sich nun auch die Bildungspolitik entschlossen, den Prozess der Differenzierung zu unterstützen. Als vorläufiger Schlusspunkt dieser Entwicklung soll künftig, was bis ins 19. Jahrhundert hinein in Deutschland gang und gäbe und heutzutage im Ausland vielfach üblich ist, auch in Deutschland erlaubt werden: Die Schulen sollen ihre Lehrkräfte selbst rekrutieren dürfen.

Bei so viel Heterogenität entsteht jedoch ein neues Problem. Es muss darauf geachtet werden, dass die Unterschiede zwischen den Schulen nicht zu groß werden. Denn anders als bis ins 19. Jahrhundert üblich werden heute formal identische Schullaufbahnen und -abschlüsse auch inhaltlich als gleichwertig angesehen, was sie bei zunehmender Heterogenität im Schulwesen aber immer weniger sind. Zudem wäre, würden die Unterschiede zu groß, die Anschlussfähigkeit der einzelnen schulischen Bildungsgänge in einem hoch formalisierten Bildungswesen in Frage gestellt. Die Antwort darauf heißt: Bildungsstandards und zentrale Abschlussprüfungen. Mit ihrer Hilfe soll ein verpflichtendes Minimum an Bildung festgeschrieben werden, über das jenseits aller Heterogenität unterschiedslos alle Jugendlichen gleichermaßen verfügen müssen. In diesem Sinne wurden und werden von den meisten Bundesländern erstmals zentrale Abschlussprüfungen für Haupt- und Realschule sowie das Zentralabitur eingeführt, wie es im 19. Jahrhundert allgemein üblich, nach 1945 aber nur noch in wenigen Bundesländern praktiziert worden war.

Nichts anderes als einen solchen Mindeststandard repräsentiert auch die von der in Paris ansässigen Organisation für wirtschaftliche Zusammenarbeit und Entwicklung (OECD) erstmals 2000 in 32 Ländern und danach 2003 und 2006 in einer jeweils noch einmal größer gewordenen Zahl von Ländern durchgeführte so genannte PISA-Untersuchung (*Programme for International Student Assessment*). Pro Land wurden zwischen 4500 und 10000 Schüler getestet. In Deutschland ist die Stichprobe darüber hinaus auf knapp 50000 Schüler in 1466 Schulen aller Schularten und um einen Vergleich der Bundesländer erweitert worden. In vier Bereichen, der Lesekompetenz, der mathematischen Grundbildung, der naturwissenschaftlichen Grundbildung und in den so genannten fachübergreifenden Kompetenzen wurden die Leistungen 15-jähriger Schülerinnen und Schüler am Ende ihrer Pflichtschulzeit getestet. Bei der Wahl der Aufgaben wurde weniger auf die Wiedergabe bloßen Wissens als vielmehr darauf geachtet, dass dieses Wissen in praktischen Zusammenhängen kreativ angewendet, dass Prozesse beherrscht, Konzepte verstanden und Wissen transferiert werden konnte. Es wurden also Fähigkeiten geprüft, die im nachschulischen Leben in modernen Gesellschaften von entscheidender Bedeutung sind. Außerdem hatten die Schüler einen Fragebogen zu ihrem sozialen und persönlichen Hintergrund auszufüllen, was soziodemographische Rückschlüsse ermöglichte.

Die Ergebnisse waren für Deutschland ernüchternd: Insgesamt lag Deutschland 2000 unter dem OECD-Durchschnitt. Die Streubreite der Leistungen, also der Abstand der Leistungen der besten fünf Prozent und der schwächsten fünf Prozent, war in Deutschland besonders groß. Der Anteil der Jugendlichen, deren Leistungen bestenfalls die unterste Kompetenzstufe erreichten, lag mit 23 Prozent deutlich über dem Durchschnitt der anderen Länder. Zwei Drittel der Angehörigen dieser als «Risikoschüler» bezeichneten Gruppe waren Jungen in Haupt- oder Sonderschulen. Jugendliche mit Migrationshintergrund waren dort überproportional häufig vertreten, selbst dann, wenn sie in Deutschland geboren waren und das deutsche Bildungssystem voll durchlaufen hatten. Dass dieses deutsche Bildungssystem gerade bei der schulischen Integration von Migrantenkindern schlechter dasteht, als das vieler anderer Industriestaaten, hat auch eine weitere, auf den PISA-Daten beruhende OECD-Studie bestätigt, die 2006 veröffentlicht worden ist. Die Folgen einer jahrzehntelangen, die soziale Wirklichkeit verfehlenden Debatte, ob Deutschland ein Einwanderungsland sei oder nicht, lassen sich hier besichtigen. Im obersten Leistungssegment lagen die deutschen Schüler immerhin nur knapp unter dem OECD-Durchschnitt, wobei dieser Durchschnitt, wenn überhaupt, von Gymnasiasten übertroffen, von den Schülern der anderen Schularten aber z. T. deutlich unterboten wurde.

Zudem zeigte sich in Deutschland allgemein ein starker Zusammenhang zwischen sozialer Herkunft und den Schulleistungen sowie im Besonderen zwischen der sozialen Herkunft und dem Zugang zu hochwertigen Schulabschlüssen. Die Wahrscheinlichkeit, ein Gymnasium zu besuchen, ist für ein Akademikerkind im Bundesdurchschnitt viermal höher als für ein Kind aus einer Arbeiterfamilie. Kurzum: Die soziale Selektivität des Schulwesens hatte sich in Deutschland im internationalen Vergleich als besonders hoch erwiesen und ist durch die Bildungsexpansion allenfalls in den Gesamt- und in den Realschulen etwas gemildert worden. Immerhin konnten Bildungsforscher zeigen, dass das Schulsystem selbst nicht die Disparitäten verstärkt oder gar produziert. Haben Kinder schwächerer Sozialschichten den Sprung aufs Gymnasium geschafft (was, wie gesagt, zu selten geschieht), können sie dort leistungsmäßig gut mithalten.

Der Vergleich der Bundesländer untereinander hatte eine große Varianz auch zwischen den Ländern ergeben; es besteht Heterogenität also nicht nur zwischen den Schulen, sondern ebenso zwischen den einzelnen Bundesländern: Der Leistungsabstand zwischen dem Spitzenland Bayern und dem Letztplatzierten Bremen betrug beispielsweise in der Mathematik fast anderthalb Schuljahre. Auch in anderer Hinsicht, wie zum Beispiel der erwähnten sozialen Selektivität, haben sich deutliche Unterschiede zwischen den Bundesländern gezeigt.

Die Testrunde 2003 hat demgegenüber in den Naturwissenschaften und in der Mathematik Verbesserungen gebracht. Einige Bundesländer lagen jetzt sogar über dem OECD-Durchschnitt. Insbesondere die neuen Bundesländer und Bremen, die Verlierer der ersten Runde, hatten Boden gutgemacht. Die meisten Probleme jedoch waren und sind geblieben: die hohe soziale Selektivität, das Problem der «Risiko-Schüler», die Abstände zwischen den Bundesländern usw.

Das lässt die Frage nach den Konsequenzen aus den PISA-Befunden dringlich erscheinen. Zum einen geriet der Kindergarten in die Diskussion. Mehr Schulvorbereitung schon im Elementarbereich wurde gefordert, und die seit 2005 nach und nach in allen Bundesländern in Kraft getretenen neuen Bildungspläne für den vorschulischen Bereich setzten diesen Anspruch mehr oder weniger entschieden um. Die traditionell bestehende Kluft zwischen Kindergarten und Grundschule ist ein deutsches Phänomen, das schon der Bildungsrat 1970 vergebens hatte überbrücken wollen; jetzt also wurde ein neuer Anlauf gewagt.

Zudem sollten alle Kinder wenigstens das letzte Jahr vor der Einschulung in einem (wie gesagt, stärker als bisher vorschulische Züge tragenden) Kindergarten verbringen und deren Eltern dafür auch nicht mehr bezahlen müssen. Bereits seit 2000 ist letzteres im Saarland Praxis, andere Bundesländer wollen nachziehen. In den Schulen soll mehr Wert auf guten Unterricht gelegt werden. Die Konferenz der Kultusminister beschloss die Einführung von Bildungsstandards für alle relevanten Fächer und gründete zur Ausarbeitung derselben ein in Berlin ansässiges «Institut für Qualitätssicherung im Bildungswesen». In der Folge werden die Bundesländer Kerncurricula entwickeln müssen, die an diesen Standards ausgerichtet sind, und für deren Überprüfung zu sorgen haben. Dies soll mittels regelmäßig durchgeführter externer Evaluationen geschehen; ein bislang im deutschen Schulwesen unbekanntes Instrument zur Steuerung des Bildungswesens. Ein Indiz für die Hektik und leider gelegentlich auch Unüberlegtheit, mit der auf die Ergebnisse der PISA-Untersuchung sowie auf die allgemeine Verfassung des Schulwesens reagiert wurde, zeigt sich in der Absicht einzelner Bundesländer, die Beherrschung des Deutschen zu einer unabdingbaren Voraussetzung der Schulfähigkeit zu machen, ohne zugleich durch ein breites vorschulisches Förderangebot für die Einlösbarkeit dieses Anspruchs zu sorgen.

Während die OECD aus der PISA-Untersuchung den Schluss zog, sich von dem dreigliedrigen Schulsystem abzuwenden, empfahlen die meisten deutschen Bildungsforscher, an ihm festzuhalten. Dennoch geriet eben dieses Schulsystem erneut in die Diskussion. Die PISA-Ergebnisse sprachen nämlich eine deutliche Sprache. Auch wenn einzelne Teilnehmerländer (zum Beispiel USA, Italien) trotz integrierter Schulsysteme nicht gut abgeschnitten hatten, waren unter den als PISA-Sieger gefeierten Ländern keine solchen zu finden, die über ein derartig selektives und gegliedertes Schulwesen verfügen wie Deutschland. Das heute in Europa allgemein vorherrschende System sieht den acht- bis zehnjährigen gemeinsamen Schulbesuch aller Kinder und Jugendlichen vor. Erst danach setzt eine Minderheit unter den Jugendlichen die schulische Bildung in einer auf zwei oder drei Jahre ausgelegten Oberstufe fort, alle anderen wechseln in eine Berufsausbildung. Nur wenige Länder kennen eine kürzere, im Fall der Schweiz beispielsweise nur sechsjährige gemeinsame Schulzeit. Allein in Deutschland und Österreich endet die gemeinsame Schulzeit der Kinder bereits nach vier Jahren. Die in Deutschland besonders hohe Quote an Schulversagern wurde von einigen Experten nicht zuletzt damit erklärt, dass das gegliederte Schulwesen förmlich dazu einlädt, Schüler abzuschieben, sie nach unten «durchzureichen», wie es salopp heißt, statt sie zu fördern. Auch wird allgemein die international auffallende Leistungsbandbreite unter den deutschen Schülern auf die polarisierende Wirkung des gegliederten Schulsystems mit seinem «oben» (Gymnasium) und «unten» (Hauptschule) zurückgeführt. Und schließlich zeigt sich eine einzelne Schulart, die Hauptschule, zumindest dort, wo sie zur Restschule in sozialen Brennpunkten herabgesunken ist, in ihrer gegenwärtigen Verfassung als unrettbar verloren.

Zur Gewissheit verdichtete sich dieser Eindruck, als im Frühjahr 2006 der offene Brief eines Berliner Hauptschulkollegiums bekannt wurde, in dem dieses vor der Gewalttätigkeit und Destruktivität seiner (weit überwiegend nicht-deutschen) Schüler kapitulierte und vorschlug, die eigene Schule wie überhaupt alle Hauptschulen zugunsten eines Integrationsmodells aufzulösen. Spätestens jetzt war die Diskussion um die Zukunft des deutschen Schulsystems erneut eröffnet, wobei prompt wieder die alten, noch aus den 1970er Jahren bekannten parteipolitischen Gräben aufbrachen. Führende SPD-Bildungspolitiker sahen das gegliederte Schulwesen durch PISA und die besagten Vorkommnisse in Berlin in Frage gestellt, die sich immer weniger, wie die folgende Diskussion ergab, als Ausnahme erwiesen. Hingegen zogen Bildungspolitiker der Unionsparteien systemimmanente Maßnahmen vor: eine praxisnähere Lehrerbildung oder Einzelfallhilfe für schwache Schüler beispielsweise. Die Befürworter des gegliederten Schulwesens unter den Bildungspolitikern konnten sich immerhin darauf berufen, dass die seit Jahrzehnten von der Union regierten süddeutschen Bundesländer im innerdeutschen Vergleich in (fast) jeder Hinsicht – selbst unter dem

Aspekt der sozialen Gerechtigkeit – erheblich besser abgeschnitten hatten, als SPD-Stammländer. Ob dieser Erfolg der Unionsländer einer zwar konservativen, in sich aber konsequenten und über die Jahrzehnte hinweg jedem Experimentieren abgeneigten Bildungspolitik oder doch eher der wirtschaftlichen Prosperität dieser Länder zuzuschreiben ist, konnte freilich nicht abschließend geklärt werden. Immerhin aber können selbst Baden-Württemberg und Bayern (sowie seit 2003 das ebenfalls CDU-regierte Sachsen) international nur bedingt in der Spitze mitmischen, und in punkto soziale Selektivität, Chancengleichheit und «Risiko-Schüler» bleiben sie hinter Ländern wie zum Beispiel Finnland, Japan oder Kanada deutlich zurück.

Übrigens war PISA nur ein Test unter mehreren, die um die Jahrtausendwende und danach die Schulen in Deutschland und die zahlreicher anderer Länder bewegt haben. International hat sich eine Schulpolitik etabliert, die auf externe Erfolgskontrolle durch häufiges Überprüfen und Testen setzt, um sicherzustellen, dass die Schulen den an sie gestellten Ansprüchen genügen. Der PISA-Studie vorhergegangen war TIMSS, die «Third International Mathematics and Science Study». Zu nennen ist auch die PIRLS-Untersuchung (*Progress in International Reading Literacy Study*) – in Deutschland als IGLU-Studie (Internationale Grundschul-Lese-Untersuchung) bekannt –, die, 2001 in 35 Ländern durchgeführt, für die deutschen Schüler(innen) erheblich bessere Ergebnisse als PISA erbrachte: Lediglich drei Länder schnitten besser ab als Deutschland. Anders als den Sekundarschulen scheint es der deutschen Grundschule zu gelingen, ihren Schüler(inne)n im Durchschnitt zu guten Leistungen zu verhelfen und dabei den Abstand zwischen guten und schlechten Schülern relativ gering zu halten. Die Grundschullehrer(innen) können ganz offensichtlich, anders als ihre Kolleg(inn)en im Sekundarbereich, mit Unterschieden umgehen. Zudem können sie ihre Schüler nirgendwohin abschieben. Fünf Schuljahre später hingegen, in den weiterführenden Schulen, haben sich die Verhältnisse umgekehrt: schlechtes Gesamtergebnis, großes Leistungsgefälle, Probleme im unteren Bereich. Am Ende der Grundschulzeit können deutsche Viertklässler noch besser lesen als ihre neuseeländischen Altersgenosssen. Fünf Jahre später sind die jungen Neuseeländer um ein ganzes Schuljahr voraus.

Schon IGLU hat den Eindruck entstehen lassen: In seiner gegenwärtigen Verfassung erfüllt das gegliederte Schulwesen ab der Sekundarstufe I die Erwartungen nicht länger, die man an das Schulwesen eines modernen Industriestaates stellen muss. Es verspricht zwar, im Gymnasium eine Elite hervorzubringen und durch die Herstellung möglichst homogener Lerngruppen auch die schwächeren Schüler ihrer Begabung nach optimal zu fördern, kann diesen Anspruch in der Realität aber nicht einlösen. Weder steht Deutschland an der Leistungsspitze gut da, noch kann die deutsche Schule verhindern, dass sie Jahr für Jahr vergleichsweise viele Leistungsversager hervorbringt. Von der misslungenen Integration von Schülern nichtdeutscher Herkunft ist ganz zu schweigen; die Kinder türkischer Einwanderer können in den anderen Einwandererländern fast überall besser lesen als in Deutschland. Viele Fachleute meinen deshalb: So wichtig und sinnvoll die zahlreichen vorgeschlagenen Einzelmaßnahmen auch sind, die Einführung des international vorherrschenden integrierten Schulsystems wäre eigentlich die gebotene Lösung. Dies zu fordern ist gegenwärtig aber unrealistisch. Niemand hat ein Interesse daran, die heftigen bildungspolitischen Grabenkämpfe der 1970er Jahre, zu denen es vermutlich kommen würde, wieder aufleben zu lassen. Bestenfalls kleinere Eingriffe, wie zum Beispiel eine Verlängerung der Grundschulzeit um ein oder zwei Jahre sowie ein forcierter Ausbau des Ganztagsschulwesens, erscheinen auf absehbare Zukunft als machbar. Ansonsten wird Deutschland bis auf weiteres mit seinem international gesehen unterdurchschnittlich erfolgreichen Schulwesen, so wie es aus der Mitte der Klassengesellschaft des 19. Jahrhunderts heraus entstanden und damals (!) durchaus leistungsfähig gewesen ist, leben müssen.

Literaturhinweise

Albisetti, J. C.: Schooling German girls and women. Secondary and higher education in the 19th century. Princeton 1988.

Blättner, F.: Das Gymnasium. Aufgaben der höheren Schule in Geschichte und Gegenwart. Heidelberg 1960.

Bölling, R.: Sozialgeschichte der deutschen Lehrer. Göttingen 1983.

Brunner, H.: Altägyptische Erziehung. Wiesbaden ²1991.

Cortina, K. S. u.a. (Hrsg.): Das Bildungswesen in der Bundesrepublik Deutschland. Strukturen und Entwicklungen im Überblick. Reinbek bei Hamburg 2003.

Dolch, J.: Lehrplan des Abendlandes. Zweieinhalb Jahrtausende seiner Geschichte. Ratingen ³1971.

Freyer, M.: Die Wurzeln der Institution «Schule» und des Erzieherberufs in Kulturen ohne literale Tradition. In: Pädagogische Rundschau (1982), 36. Sonderheft, S. 3–21.

Hauer, W.: Lokale Schulentwicklung und städtische Lebenswelt. Das Schulwesen in Tübingen von seinen Anfängen im Spätmittelalter bis 1806. Stuttgart 2003.

Heppe, H.: Geschichte des deutschen Volksschulwesens. 5 Bde. (Reprograf. Nachdruck der Ausgabe Gotha 1858 ff.). Hildesheim u.a. 1971.

Herrlitz, H.-G., Hopf, W., Titze, H. & Cloer, E.: Deutsche Schulgeschichte von 1800 bis zur Gegenwart. Eine Einführung. Weinheim, München ⁴2005.

Herrmann, U. (Hrsg.): Schule und Gesellschaft im 19. Jahrhundert. Sozialgeschichte der Schule im Übergang zur Industriegesellschaft. Weinheim, Basel 1977.

Kintzinger, M.: Wissen wird Macht. Bildung im Mittelalter. Ostfildern 2003.

Kintzinger, M., Lorenz, S. & Walter, M. (Hrsg.): Schule und Schüler im Mittelalter. Beiträge zur europäischen Bildungsgeschichte des 9. bis 15. Jahrhunderts. Köln u.a. 1996.

Klein, H.: Bildung in der DDR. Grundlagen, Entwicklungen, Probleme. Reinbek bei Hamburg 1973.

Konsortium Bildungsberichterstattung (Hrsg.): Bildung in Deutschland. Ein indikatorengestützter Bericht mit einer Analyse zu Bildung und Migration. Bielefeld 2006.

Kraul, M.: Das deutsche Gymnasium 1780–1980. Frankfurt am Main 1984.

Liedtke, M.: Männersache Bildung. Der weite Schulweg der Mädchen – Historische Wurzeln einer Benachteiligung. In: E. Glumpler (Hrsg.): Mädchenbildung, Frauenbildung. Beiträge der Frauenforschung für die LehrerInnenbildung. Bad Heilbrunn/Obb. 1992, S. 62–92.

Leschinsky, A. & Roeder, P.-M.: Schule im historischen Prozeß. Zum Wechselverhältnis von institutioneller Erziehung und gesellschaftlicher Entwicklung. Stuttgart 1976.

Lundgreen, P.: Sozialgeschichte der deutschen Schule im Überblick. 2 Bde. Göttingen 1980/81.

Mannzmann, A. (Hrsg.): Geschichte der Unterrichtsfächer. 3 Bde. München 1983.

Marrou, H.-I.: Geschichte der Erziehung im klassischen Altertum. Freiburg i. Br.. München 1957.

Michael, B. & Schepp, H. H. (Hrsg.): Politik und Schule von der Französischen Revolution bis zur Gegenwart. Eine Quellensammlung zum Verhältnis von Gesellschaft, Schule und Staat im 19. und 20. Jahrhundert. 2 Bände. Frankfurt am Main 1973.

Paulsen, Fr.: Geschichte des gelehrten Unterrichts auf den deutschen Schulen und Universitäten: Vom Ausgang des Mittelalters bis zur Gegenwart. Mit besonderer Rücksicht auf den klassischen Unterricht. Bearb. v. Rudolf Lehmann. Leipzig ³1919/1921.

Schiffler, H. & Winkeler, R.: Tausend Jahre Schule. Eine Kulturgeschichte des Lernens in Bildern. Stuttgart, Zürich ⁶1999.

Schleicher, K. & Weber, P. J. (Hrsg.): Zeitgeschichte europäischer Bildung 1970–2000. 2 Bde. Münster u. a. 2000.

Specht, Fr. A.: Geschichte des Unterrichtswesens in Deutschland. Von den ältesten Zeiten bis zur Mitte des 13. Jahrhunderts (Reprograf. Nachdruck der Ausgabe Stuttgart 1885). Wiesbaden 1967.

Spranger, E.: Zur Geschichte der deutschen Volksschule. Heidelberg 1949.

Sachregister